日本に再生した釈迦

斎藤樹生
Saito Tatsuo

たま出版

日本に再生した釈迦

斎藤樹生
Saito Tatsuo

たま出版

目次

第2章 般若心経を正しく解釈する

第4章　イエス・キリストの奇蹟と復活のメカニズム、そして十字架上の言葉

第1章

その人はだれ？

○奇妙な出会い

私は、その人の名前はかなり以前から知っていた。

その当時（1967年）、勤め始めていた会社が台東区の駒形2丁目にあったので、都営地下鉄線の浅草駅で下車し、北側の出口から歩いて会社まで行くのが習慣であった。道を歩き出してわずかな距離の左側に、ある時、ビルが建てられ、そのビルに懸垂幕が掛けられて、本の紹介がなされていた。

その本は『縁生《えんじょう》の船《ふね》』という題で、著者「高橋信次」の名前があった。

随分奇妙な題の本だなあ、いったいどういう類の本なのだろうかと思っていたが、ついぞそれ以上の詮索はしないまま、ぼんやりこの垂れ幕を目にしながら毎日その通りを歩いて会社に通っていたのであった。

だが、心の中では、ビルが建ったのはいいが、こんな場所で本を紹介するなんて珍しいことだし、そもそも出版社なら神田かその周辺でやったほうが適っている、それに、何だか本の名前も変わっているが、こんな場所で本の宣伝をすること自体も変わっているなあ、と訝っていたのであった。

とにかく、その当時の私は会社で与えられた仕事に慣れるのが精一杯で、それ以上、この本も著者のことも考える余裕はなかった。

その後しばらく経って、この人（高橋信次）のことが週刊誌で取り上げられたので、興味をひかれて読んでみた。

週刊誌の記事の取り上げ方は、この人を真面目に扱っているようには見えない感じでもあった。なぜなら、この人の説によると、人間には本体というものと分身とがあって、釈迦（ゴーダマ・シッダルタ）の場合、本体が釈迦なのに対して、中国に生まれた僧侶、天台智顗《てんだいちぎ》、玄奘《げんじょう》、そして日本に生まれた最澄《さいちょう》、桂小五郎《かつらこごろう》（木戸孝允《きどこういん》）たちが分身だと言うのである。かつてこのようなことを述べた人はいないし、そもそも自分が本体なのか誰かの分身なのかもわからないし、もし分身ならそれでは格が下がるし、どうなのだろう、と考えたりしたが、しかしそれ以上考えても仕方ないので、ややかき乱された心を鎮めて、時は過ぎていった。

しかしながら、心の奥底では「とんでもないよ。そんなことがわかる人が世の中に出てきたらたまらないよ！」という一種の反発の心が湧いてきて、素直に受け入れがたい気持ちであった。

◯父の死をきっかけに

私が41才（1985年）の時、それまで比較的元気だった父が突然亡くなった。それを契機に、私の中になぜか仏教についてよく知りたいと思う気持ちが強く湧き上がってきた。

それ以来、仏教をはじめ、宗教に関して目についた本を何冊も読んでいった。しかし、どうしても仏教、そして宗教に関して私を心から納得させてくれる本には巡り会うことができなかった。

宗教が専門の学者や僧侶の人たちが、仏教やお経のこと、またキリスト教のことを書いているのでそれらを読み漁り、それぞれの本はそれなりに参考にはなったが、いまひとつ核心を突いた感じがしなかったのである。

仏教の本質を説き得ないのに、どうして多くの人が仏教やお経について書くのだろうかと不思議に思ったが、逆説的に言えば、誰も本質を説き得ないがゆえに、それぞれが自分の研究したものこそ、と自負して著述しているのだろう。

それがために、仏教は難しくて深遠なものであり、簡単には理解できるものではない、といった通念まで確立されてしまう。だが、もし仏教がそんなに難しいものなら、こんにち日本を含めアジアの国々を中心にこんなに広く民衆に信仰されていることの理由がわからなくなる。

また、宗教についても、今や世界にはさまざまな宗教が存在し、異なる宗教を奉じる民族間の争いは増々激しくなってきている。もはや、宗教も混乱の極にあるのだと言わざるを得ない。

そういうことで、この期間、私は仏教のみならず宗教について、もっと本質を突く本はないのかと思って探し求めていたが、かといって書店の宗教に関する書物の中に並んでいる『縁生の舟』（その頃には、この本は改名されて『心の発見』という題となっていたが）の著者（高橋信次）のどの本にも手が伸びないのであった。

また、園頭広周という人が著した本には「現代釈尊とともに」という副題が付いていて、高橋信次を現代の釈迦になぞらえていたが、それを見た時には、「何が現代の釈尊なのか！　軽々しく釈迦の名を持ち出してもらいたくないものだ」という、以前からあった反発の気持ちが一層強くなったくらいであった。

その後もいろいろな本を読み漁っていったのであるが、やはり私の心を納得させてくれるものはなかった。諦めつつある時、ついに意を決して、ずっと敬遠していた人物、高橋信次の著書『悪霊（1）』を手にしたのであった。

「まあ、これまでいろいろな本を読んでみてもわからなかったからなあ。それに、他に読みたい本もないから」という気持ち、つまり、最後の最後、読んでみざるを得ない状況の下で、私はこの人の著書の一つを取り上げたのであった。

◎「まことに恐れ入りました」

この本を読み出してまもなく、私は自分の愚かさ、無知に気づかされた。そして、私がこれまでこの人に持っていた感情は一変させられたのである。

この本に述べられていることは、これまで誰一人として確証をもって説明できなかった事象のことであった。つまり、人の身体に憑いているもの、すでに肉体が死んでいる人の霊や動物霊が、いかに障害をもたらしているかということ。そして、彼らを直接に見て、話して、憑いていることの間違いを説明し、身体から離して、あの世のいるべき場所に行かせることが書かれてあった。

また、龍やキツネの霊は、取り憑かれた人をして「自分は偉いのだ」「先に起こることを当てられるのだ」という心を湧き立たせて来るのであるが、これらもすぐ見破って、憑かれた人に対しては正しい心のあり方が示されていた。

このような能力を持っている人であることを知ることになり、私が以前から持っていた反発の心は軽く一蹴され、「いや、まことに恐れ入りました」という気持ちに取って代わられたのは言うまでもない。

このような偉大な人に、なにゆえ私は反発を感じていたのだろうか。著作本に載せられている本人の容貌（写真）を拝見しただけでも、その偉大さは感じ取れるものなのに（といっても著書を見て初めて拝見したわけだが）と、深く反省に到ったのである。

こんなことなら、もう少し早くこの人の本を読むなり、毎日この人のビルの横を通っていたのだから、なぜもっと知ろうという気が出なかったのか、という後悔の念も同時に湧き出した。

それからのちは、高橋信次の著作で出版され販売されている書物はことごとく購入し、それらを何回も何回も読み込んでいった。特に難しいことを述べているわけでなく、とてもわかりやすく書かれていたから、1回読めばおおよそわかるのだが、再読するたびに新たな理解につながっていった。

当然のことながら、先ほど述べた園頭氏の著作も、手に入るものはすべて読み、その他、高橋信次に関するものとわかれば、生前の活動や言動を細大限もらすまいという気持ちで物色していった。

さらに、これだけの人物であるだけに、世の中には高橋信次の著作物や言説を利用して現世における利益を得ようとする意図のもとに出版された著物も多々あり、それらも選んで読んでいった。

●偽物をことごとく見破る力

私は、今回のこの地球上における人類の歴史、それはアトランティス大陸の沈没からの再スタートとなるわけだが、その歴史において、高橋信次の世上への出現は、まさに特筆すべき出来事だと思っている。それは、歴史上「最驚」の出来事と言っても過言でないだろう。

誰もが「過去にインドに生まれて一生を過ごした釈迦が、今世、この時代の日本に生まれた」と言われても、簡単に信じられるものではないかもしれない。ましてや、人はそれぞれの自尊心によって、イエス・キリストや釈迦といった偉い人物が容易に出現することなどは認めたくないという気持ちがあるため、余計否定的になる。

それと、世の中には「我は天照大神なり」とか「〇×の神である」と名乗ったりする人もいるわけで、この「釈迦の再来」についても、そのような類に属することでないかとも思われそうだが、事実はそれどころの話ではなく、まさに驚愕、驚嘆を超えるものなのである。

高橋信次の鼻を明かそうと、そのような「〇×の神である」と名乗る人たちがしばしば訪れて対決を望んでも、それらの人に憑いている諸々の霊は見破られ、それらの霊たちは光を浴びてシュンとなったり反省させられ、去ってしまう。結局、「〇×の神である」と名乗っていた人たちが鼻を明かされてしまうのである。

それゆえ、この人の出現によって、それまではほとんど不可知の領域、つまり誰もが知ろうとしてもわからない分野（霊の世界）において、ことごとく明快な回答が示されることになった。

◎「魂」は死なないことの証

その人、高橋信次は1927年（昭和2年）9月に日本（長野県の佐久）に生まれ、1976年（昭和51年）6月に亡くなった。その48年の生涯は、あらかじめ決められた通りなのだと言われている。

私が高橋信次を知った当時は、ほとんどの書店に行けば、宗教関係の書物が並んでいるコーナーには何冊か彼の著作物が置かれていたのだが、すでに亡くなって50年にもなるため、今はどうであるかはよくわからない。

ただ、著書のどこにも「自分は釈迦の生まれ代わりである」と明らさまに述べてはいないので、この人の本を読んでも「まあ、実によく釈迦のことを研究しているな」というふうに思ってしまうに違いない。しかし実際のところ、この人の現実の状況としては、学者でも宗教家でもなく、一介の電気関係の実業家としての仕事をしていたのであった。

そのような人が、どうして釈迦のことから始まって、一般の人たちでは全くわからない霊界のことをいろいろ詳しく説明できるのであろうかと不思議に思われることになるが、そこにはまさに驚かされる事実があることを知らされることになるのである。

多くの人が、生きていく中で必ず問うことのなかに、人間は「何のために生きているのか」そして「死んだらどうなるのか」という命題があり、人々はこの問いに対して明確な回答を求めようとする。しかしながら、これまでこの問いに正確に答えた者はいなかったのだが、釈迦であったゴーダマ・シッダルタが高橋信次として再生したことによって、これらのことはすべて明快になったと言える。

つまり、釈迦であった人が再びこの世に現われたのだから、これは「魂」は死なないことをここに証明しているのである。そして、これは釈迦の魂だけでなく、すべての人の魂がそうだと言える。

さらに、「人間は何のために生きているのか」の命題の答えも示されている。

人間は死なない、人間の主体の世界は「あの世」であり、あの世の光の世界は「幽界」「霊界」「神界」、そして、魂のよく磨かれた世界「菩薩界」「如来界」と、魂の磨かれ具合によって厳密に分かれている。

地上は、いろいろな段階の魂の混在した世界であり、それが却って魂を磨くのに適した環境と言える。よって、「人は何のために地上で生きるのか」の答えは、地上が「魂をさらに磨いていくのに最適の場所と判断されているから」ということになるのである。

◎小さい頃から人とは違っていた

ここから、もう少し詳しく高橋信次のことを述べていきたい。

信次は、長野県の佐久という地で、農業を営んでいた両親のもとに生まれた。前世が釈迦であったという人がこの世に生まれて来たのだから、やはり小さい頃から一般の人が経験することとは大いに違ったことを体験することになる。

信次が10才の頃、夜の一定の時刻が来ると、自分の身体の心臓が止まり、もう一人の自分が肉体から飛び出して、上方から息もせず動かない自分を見ていることになった。さらに、あちこち自由に動きまわれるため、すでに地上では亡くなっていた人たちにも会って話していたという。

小さい我が子が、死んだようになっているのを見た両親の驚きようは大変なもので、手の施しようもなく、茫然としている姿を、もう一人の信次は上から見て、「心配しないで」と声をかけたくても、あの世の世界にいる自分とこの世にいる両親は互いに通じないのであった。

やがて、信次は何か薬の臭いを感じるとともに、自分の肉体に戻って来た。

「お父さん、お母さん、心配をかけました」と言うと、両親はほっとしたのであった。

このようなことが何回も続いたこともあって、両親はあちこちの医者に診てもらったり、はては拝み屋さんにも頼ったり、また、針、灸がよいと聞けば、父親は自転車に信次を乗せて、遠くまで治療のために駆け回ってくれたそうだ。

それからまた、この頃、黒染衣で饅頭笠をかぶった旅僧に何度か出会い、「身体のことは心配するな、じきに治る。お前の目は二重孔である。一生懸命勉強すれば、必ず霊力を持つことができる」と言われたりもした。それから、その旅僧は信次から離れていくと、すうーっと姿が消えてしまうのだった。

信次は、このような自らの体験は、いったいどういう理由でそうなるのか知りたいということもあり、また神仏の存在についても、まだ幼い年齢であったが、これを探求していかねばならないという気持ちを次第に強く持つようになっていった。

その後、自ら進んで入った陸軍幼年学校（軍人になるための学校）を経て、戦争を体験した。海中に何時間も漂うという苦しい状況も経験した。その時は、イルカたちがそばに来ていろいろ助けてくれたそうである。

戦後になって、信次も一からの生活を余儀なくされた。生活の糧を得るべく、勉強も重ね、電気関係の仕事を進めていった。事業は発展しながらも、まだ経営には甘い点もあって、結婚した時には一文もなくなってしまうという事態になったという。

これだけの人物が、事業を起こして、未熟な点があって失敗したというのであるから、このことは「へえー、そうなの？」と驚くとともに、「それほどの人でも失敗することがあるんだ」と、おぼつかない人生を歩んでいる我々には一種の勇気を与えてくれるものである。

また、逆に「偉く立派になるには、1回は一文無しになるくらいの覚悟が要るのか」と、少し暗然とした気持ちにもなるが、いずれにしても、このような人物の生涯は我々には大いに参考になるものである。

●次々と霊が現われ試される

さて、信次は、それから、周りの助けもあって、さらには大いなる自身の努力の積み重ねによって社業を発展させ、都営地下鉄線の浅草駅の北口近くにビルを建てた。そして、このビルの1、2階をサウナ風呂や超音波温泉の営業にと考え、事業発展を見込んでいた。

もちろん、それまでもずっと神仏の探求を続けていて、他人の病気や悩みごとなどを解決する能力（当時はまだ、当人もそれがどうしてできるのかについてはわからなかったらしいが）を発揮するようになってきていたのだが、ここに来て大変な事態が発生したのである。

信次41才の時であった。

すでに日課となっていた瞑想に入ろうとして、仏壇の灯明をともしたところ、そのロウソクの焔《ほのお》が、風もないのに、突然25センチもの大きさに伸び、次にそれが蓮の花の形になって、やがて小さくなり、最後は実の形に変形していったのである。随分おかしなことがあるものだなあと思っていたが、次の日もやはり同じような現象が起き、不思議さが募った。

このような不思議な現象が続いていたある晩のこと、信次の義理の弟に当たる人に、「ワン・ツー・スリー」と名乗る霊が乗り移り、信次を叱るようになった。そして、今から3日間だけの猶予を与えるから、その間に悟れと命令したのでる。

それまで神仏の探求を続けてきて、そして自らは知らず、予言めいたことを言うと、それがその通りになるので評判となっていたり、また、他人の手足の痛みには、その患部をしばらく揉みほぐし、治るように念ずれば治せることができるようになっていた信次ではあったが、突然このような現象に遭遇し、大変なショックを受けたのであった。

「悟れ」と言われても、いったいどうしたら悟りを得ることができるのであろうか。信次は、その3日間、あちこちのお寺や神社を訪れ、お坊さんや神主に尋ね回った。

「誰かこういう現象について教えてくれる人はいないものだろうか」

しかし、誰一人として、そのような霊現象を理解し、説明できるような人はおらず、期限の3日目は刻々と迫っていた。

ことここに到って、信次の心は「もうどうなってもよい。別に仕事も財産もなくなっても構わない。ワン・ツー・スリーと名乗る霊が悪霊であって、自分の命を欲しいと言うならばあげてもよい」という覚悟で、ワン・ツー・スリーと対決しようという気持ちを固めた。

その時、信次の胸に「そうだ、それでいいのだ。その心を忘れるな」と響くものがあったのである。

その夜、義弟を支配しているワン・ツー・スリーの霊は、すでに信次の心を見抜いていて、信次の悟りを祝福した。

「今夜は、お前の心が正しく変わったことで、実在界（天上界）では光に満たされ、お祝いがある。今後もその心を忘れないで欲しい。悪を善に変えてやろうという慈悲の心が大事なのだ」と告げられた。

それ以後、このワン・ツー・スリーのほかにも、ファン・シン・ファイ・シンフォーという霊も出て来て、信次にじきじき神理の法の知識を蘇えらせていった。

これを契機に、信次はかつて自分自身が前世において『悟り』に到達していたことを知ったのである。

ちなみに、ワン・ツー・スリーと名乗る霊は、自分はじつは「モーゼ」であることを明かした。また、ファン・シン・ファイ・シンフォーは、イエス・キリストの分身であり、かつて中国に肉体を持って生まれたことを教えたのである。そして、もし最初から自分がモーゼであり、イエス・キリストであると言ったら、信次の性格からして、宗教に関するさまざまな書物を読み漁り、すでに神理から離れて形骸化されてしまった教えのほうに染ってしまうかもしれない、それではまずいという配慮から、本当のことを言わなかったというのであった。

さらに、小さい頃のいくつかの不思議な経験は、守護霊を務める不空三蔵（玄奘）がなさしめたということも信次に伝えられた。また、後にはアインシュタインの霊も出てきて、科学の真理についての説明をしてくれたのであった。

◯自分の前世が釈迦であったことを知る

このような状況を経て、それからの日々、信次は真理（神理）を説いて広めるための行動に遭遇していくことになった。

著作物を著し、各地で講演を行ない、霊が存在することの現証、実証を試みた。そうして、サウナ風呂の営業を計画していた浅草のビルは、一転して心身に病を抱える人たちやさまざまな救いを求める人たちの来訪の場所となっていった。

信次の心の内部は精華に極まり、直近の前世が紀元前654年、インドのコーサラ国カピラバーストの城主シュットダナーを父親に、母親マヤから生まれたゴーダマ・シッダルタ（後の釈迦）であったことを自覚した。が、このことは特に公言することはなかった。

さらに、記憶の深奥からの意識として、他の星を調和したのち、特殊な宇宙船に乗って、一団を率いてこの地球に降り立ったエル・ランティであったことを掘り出した。地球に飛来したその時期は、約2億年前だったということである。

高橋信次の前世が釈迦であったことは、彼の著した本の中の「人間釈迦（4部作）」を読むことによってわかる。

一般に、釈迦のことを書こうとするには、釈迦や仏教に関するいろいろな文献を調べたり考えたりするわけだが、信次においてはそのようなことは一切必要がなかった。なぜなら、自身の記憶の中から取り出してくればよいだけで、他のどんな人が釈迦のことを書く以上に、細部にわたって正確に記述することができたのである。

そのようなメカニズム、つまり「人間の内部に蓄えられている記憶」について、高橋信次によって知らされるまでは誰も解明していなかった。そのため、一般の人は高橋信次という人を、随分詳しく釈迦のことを勉強した人で、それだからこのような本が書けたのだろう、と思われるに違いない。しかし、それがそもそも根本的に違うのである。

高橋信次が示した幾多の驚くべき現象については、本人の著作物や園頭広周氏の解説書を読むことによって知ることができるので、詳述はしないが、ここでは顕著なケースを挙げてみる。

まず、身体や心に不調をきたしている人たちを治していくケースである。

信次は、その人たちに憑いているさまざまな迷った霊（人間の霊から動物の霊まで）を見透かして、その霊たちを説得し、彼らが行くべき正しい場所を教え、ときに指導霊の協力を得て、そこに向かわせた。地上に執着を持つ霊たちが身体から離れると同時に、これまで不調をかこっていた人たちはたちどころに快方を得るのであった。

これは、聖書に述べられているイエス・キリストの病気治しの手法と全く同じである。聖書には「病気を治した」ことは述べられていても、そのメカニズムについては述べられていないため、「奇蹟がなされた」ということで扱われている。

次には、他の人たちの経歴、また、その時思っていることをことごとく知ってしまうことができることである。これは、どの人の魂にも「想念帯」という記憶レコードがあり、そこに前世、前々世からのすべての記憶が蓄えられている。もちろん、今世のものもすべて。たとえ本人は忘れていても、思い、行動したことのすべてはこの想念帯（記憶のビデオテープ）に納められているのである。

信次は、他人の想念帯を覗いて見ることができるので、嘘をついても見破られてしまう。そして、その人たちの魂（心）の形がどのようになっているか、歪んでいたら丸く正しい形にしてやり、霊道を開かせることもできたのである。

それゆえ、偶然的に見えても、必然的な状況下で、信次のところに集まってきた多くの人たちの間では、霊道が開かれ、過去世を想い出し、当時の状況を当時の言葉で懐しく語り合ったりもしたのであった。

◎釈迦はなぜ現代に再生したのか

今世における日本への高橋信次としての再生に際しては、インドの釈迦の時代にすでに約束されていたことであった。

それは、その時代から2500年を経ると、自分の説いた真理（仏教）はすでにその本質が見失われ、いわば塵埃《じんあい》をかぶった状態になっている。この「ちり」や「ほこり」を払い、人々に正しい心の道を再び新たに示すためである。

このため、インドの時代に縁を持った人たちが、再び同じようにこの目的に沿って、この日本を中心に、さらには他の国々にも肉体を持って誕生している事実もにわかにわかってきた。

そのように、インドの時代に関連した人たちは、信次が今回かつて釈迦であったことを覚ったその時点を境に、あちこちから自然と吸い寄せられるごとく（縁生）、過程はいろいろなれど、信次のもとに集まってきたのである。

すでに紹介済みの園頭広周氏は、インドの時代は、釈迦の大弟子で知恵者随一と言われたシャリー・プトラー（舎利子）であった。そのことを、信次と邂逅した時に想起させられた。

また、天眼第一と言われたコリータ（大目蓮）に当たる人は、今世はアメリカに生まれている誰それ、そしてアナン（阿難）に当たる人やスブテー（大黒天）に当たる人は日本に生まれているあの人、この人等々、信次は次々に指摘していった。

さらに、インドの時代、ゴーダマ・シッダルタが悟って釈迦となり、人々に教えを説き始めた時、女性として帰依し、釈迦の教えを広めようと努め、のち弥勒菩薩《みろくぼさつ》として崇められた人マイトレーヤーに当たる人が、今世、信次夫人であるという事実もわかった。

そうなると、筆者の私も前世は誰であったのかと知りたいと思うのだが、残念ながら、高橋信次その人とは直接会ったことはない。そもそも反発の心を持っていたくらいだから、インドの時代に縁はなかったのかもしれない。

まあ、そういうことで、私自身は名のある人物が前世ではないだろうから、今世これから、といってても先はもう長くはないのだが、せいぜい頑張って精進していくしかない。

それはともかく、くり返して強調することになるが、高橋信次の今世における日本での再生については、その目的が既述のごとくの常人では遙かに及ばない能力を示して見せることにあったのだとしたら、これは全く正鵠《せいこく》を射ていない判断である。その程度の目的だけで前世釈迦がこの世に再び現われるはずはないのである。

この地球は、地上に肉体をもって出生するすべての人たちの魂の修行の場であり、かつ、すべての動物、植物、鉱物の存在と、それらの関係の調和のために選ばれた場所である。それゆえ、地球全体の調和の実現こそが人類に任《まか》された計画なのである。

しかし、この修行場は、放っておくと人類の欲望という雑草が生い茂り、悪の想念世界(いわゆる「地獄界」)による恰好な草刈り場と化してしまう。

そのため、天上界(光明世界)からは、時を計って、上々段階の大指導霊とその一団となる人たちの魂を募って、この地上に派遣(出世)させてくることになる。

そして、その大指導霊とその一団は、地上においては、さまざまな人生経験を経ながら、それぞれの使命を自覚することになり、ついには真理（神理）の法灯をともすことをめざすことになる。

高橋信次は、心（魂）のメカニズムを解明した。そして、この心（魂）の浄化、進化こそが地上人類のすべての目的であることを示した。

人間は、この世限りの魂を持っているのではなく、その魂は永遠不滅である。この地球上での輪廻転生は、その魂をより磨くためのものであって、個々の魂の向上は、やがて地上に、調和された社会の建設、そして真の平和が実現されることにつながる。そのことのために、前世釈迦は高橋信次として、今世、この日本に生まれてきたのである。

◯魔からの挑戦

「正義のリーダーが立つと、魔の王が競い立つ」と言う。

それを突き詰めると、結局は正義と悪の戦いにはキリがないということで滅入ることになるが、そのことは別にして、人類の今回の歴史の歩み（アトランティス大陸の沈没後）を見ると、この闇の世界（地獄の魔王界）との抗争には終止符が打たれていない。

光明世界においては、もとより「戦いをする、抗争をする」という気持ちはなく、闇の世界にいる人たちに光を与え、反省の心を促すのであるが、彼らはどうしても欲の強い心に執着し、地上の人たちの心のスキに乗じてたぶらかそうとする。

その結果、地上の世界には戦いが絶えず、多くの人々は貧困、飢饉、病の状況に巻き込まれ、苦しんでいくのである。

高橋信次は、心（魂）のメカニズムを示し、人々に正しい心行のあり方を説いて、その教えの展開に努めた。そして、天上界からみれば至極必然ではあるが、この地上においては偶然と思われて寄り集まった人たちを指導し、そしてその人たちがまた、多くの別の人たちを指導していくかたちの展開をめざしたのであった。

この目的のため、ＧＬＡ（「God Light Association＝神の光の集まり」の略）という真理を学ぶ団体がつくられることになった。

　そしてまもなく、大阪にあった既存の宗教団体の会長が高橋信次を知り、率先して帰依した結果、ＧＬＡの規模も大きくなり、九州（園頭氏の本拠地）から、さらに海を越えてアメリカ、そしてブラジルへと、海外でも信者の集まりが結成されるに到った。

　このような発展の様相を見せていたのにもかかわらず、高橋信次は後年、「ＧＬＡを私は潰したい」「ＧＬＡの人たちは私に頼っているだけで、少しも勉強していない」というようなことを園頭氏に述べたことが、同氏の本に記されている。

　はたしてこれが、本当に信次が発した言葉なのか、園頭氏の耳にそのように聞かせた闇の世界による策略の言葉なのかはわからないが、信次としては、自身の計画通りに進まぬもどかしさ、そして、一筋縄ではことを運ばせない闇の敵の脅威を感じていたはずである。もちろん、闇が光に勝てないことは真の理であるがゆえに、自身の使命遂行には揺るぎない確信を持って臨んでいたのであるが――。

　園頭氏の著作物からさらにわかることは、信次に「魔からの挑戦状」が送られてきたというくだりがあることである。「魔からの挑戦状が来た」などというと、フィクションの世界のことのようにも思えるが、しかしこれは現実のことなのである。真理(あの世があること)を明かされ、多くの人々がそれを認識してしまうことは「闇の世界(魔界)」にとっては死活問題なのである。

かつて、釈迦が悟りを開く前、大魔王パピアス・マラーが出現し、悟らせまいと妨害した。そこから2500年を経て、再びかつての釈迦・高橋信次の行動を防害するために今度は挑戦状を送って来た。具体的にどのような方法で挑戦状が来たのか、園頭氏の著書には詳述されていないので、ただ推測するのみだが、これは信次にのみ感得できたものなのであろう。

◎魔界からのあくなき干渉

高橋信次は、41才からの7年間、多くの著作を著し、悩みを抱える人たちを救い、全国各地で講演、除霊を行ない、まさに「文証」「理証」「実証」によって「霊のある世界」の証明を示した。

私は直接本人に会ったこともなく、いろいろな著作物によってしか知らないのであるが、「実証」の現場に一度でも立ち会う機会があったならば、もっといろいろな面での理解度が増していたかもしれない。だが、一方で、私みたいに不埒な心では、その超能力の「わざ」をどうにかして自分の利のためにならないかと考えたかもしれない。不埒な心があれば、必ずあの世の魔界の餌食になってしまうことを知らねばならない。

7年間という短い期間であったが、インドでは40年以上かかった仕事を今度は7年間でよく成し遂げたと、他の天体（太陽系以外の天体とも交信できたので）を指導する如来の霊からも激励された、ということが、園頭氏の著作物に記述されている。

さて、園頭氏の著作物や一般的にも知らされた事実から、高橋信次亡きあとの団体GLAの推移には、明らかに「魔の世界」からの干渉による攪乱が見られる。

それは、GLAの内部、外部の多くの人たちを巻き込んだ内紛である。魔界の波動を受けて、人々に真理を説き広める目的より、自分たちの利を優先する心に侵され、信次の示した真理の証明の展開にブレーキがかけられたのである。

多くの人たちは、魔が自分の心に入り込んでいることになかなか気がつかない。入ってきている魔の心が、憑かれている人をして、自分にそんな魔の心が入るわけがない、そもそもそんな「霊」などというものはない、とまで思わせているからである。

少し余談になるが、「うつ病」にかかる人にはある特徴がある。それは、比較的、心のやさしい人がかかりやすいことで、「心がやさしい」とは、自分の利だけを考えない人のこと。そういう人は、心の浄化が進んでいる人なのだが、魔界からすれば、そういう人の心に入り込んで心を憂うつ（不安）にさせると、魔王たちから誉められるのである。しかし、憑かれた人はもともと「正しい心」の持ち主だから、悪の行動を取るところまでには引きずり込めない。それでも、悪霊のほうも執拗に食い込んでくる。そのため、憑かれた心やさしい人は「心のはっきりしない」つまり「うつの状態」が続くのである。

このような「うつの状態」を解決するには「自分は今、悪霊と闘っている！」と自覚し、さらに「絶対に悪霊には負けないぞ！」という強い気持ちを堅持することが大切になる。

これまでは、「うつ病」にかかっている人についてはこのような悪霊界の干渉のメカニズムが明らかにされていなかったので、なかなか「うつ病」が完治できなかった。

悪霊たちは地上の人たちをよく見ることができるので、地上の人たちのスキを見つけて入り込む。悪霊に入り込まれると、身体全体の調子や心の状態が「だるく、やる気が全く出ない」状態になり、さらに病院で診てもらっても「特に悪いところはない」と言われたりする。そういうなかで、「自分は今、悪霊と闘っているからこういう状態なのだ。闘いは長びいても絶対に負けないぞ」という強い決意と勇気を示すことが、この病気に打ち勝つ秘訣となる。

正義、勇気の心を見せつけることが、悪霊を打ち負かす最高の武器なのです。

○大切なのは「足るを知る」こと

高橋信次の著書から知り得ることは、人間は悪霊界（地獄界）にいて、その汚れた心（魂）を持ったままでは、この地上界に肉体を持って生まれることはできないということである。地獄界にいる霊は、自分の非を悔いて反省してこそ、光の世界に上っていける。もちろん、光の世界には、その光の量に応じての区分（界）があるが、とにかく、いったん光の世界に上っていかなければ再びこの地上に生まれて来ることはできない。

それゆえ、この地上に生まれ出てくる人間は、すべて善なる心（心根）を持っているということになる。それなのに、今でも地上の環境が悪霊界の跋扈《ばっこ》を許したままであるならば、人は生まれて来てもすぐ善の心が悪霊の心に侵されることになり、その結果、地上世界は増々悪化されていくことになる。

こんにち、どうみても世界全体は、安静を得て、種々の問題も片付いて平和の道を進んでいるとは言えず、それどころか、全く逆の様相を呈している。自然環境の悪化は甚だしく、世界各地で温暖化が進んで危機的な局面を迎えている。それなのに、多くの国は自国の利益ばかり追求している。このままでは、地球全体の破滅が明らかに見えている。地球の破滅は、即、個々の人たちの生活の破滅につながることになる。

よって、今ここで、破滅をいかに食い止め、どうすれば正常な状態に戻っていけるかを考えねばならない。それには、個々のレベルでも、また社会、国においても「足ることを知る心」を持つ以外にない。

抑えのきかない欲望の心、そして「あの世なんかあるものか」と思わされている心、これらはすべて「悪霊界」の仕掛けにはまっているのである。

ここはどうあっても、地上の人たちが、高橋信次によって明かされた真実、これまで誰もはっきり解明、証明できなかった真実、そして彼によって示された数々の霊能力の現象を理解して、それぞれが心の浄化をしていくことが必要になってくる。

個々の人たちの心の浄化の過程においては、大なり小なり、程度の差はあっても、悪霊界からの防害が予想されることから、たやすくは成就できないだろう。悪霊界の干渉は、釈迦やイエス・キリスト、また、今世の高橋信次といった大使命を持った人たちをのみターゲットにするだけでなく、誰にでもなされるものと思われるからである。

だからといって、必要以上に不安がることはない。必ず、光明の世界から、善なる心に呼応してサポートが得られるからである。

しかし一方で、人には守護霊か指導霊が付いていてくれているのなら、どうして悪霊に簡単に心を奪われてしまうのか、という疑問が生じる。これは、人の心に不浄の部分があれば、そこがスキ（隙）となって、さっと悪霊が入り込み、その人の霊域を汚してしまうからで、そうなると、守護霊といえども、なかなかこの重苦しい汚れを払うことができない。

私自身の体験からしても、心の浄化というものは簡単ではなく、いまだにおぼつかない状態が続いている。人には皆、生活を維持していくことが先にあるので、杓子定規でことを進めようとすると、何かと不都合な点も出てくるし、どうしたものかと思案に暮れる。そして、そのあげく、高橋信次が説く道が、もしかして、と思う瞬間がある。

実際、私がその瞬間に出合った時のことであるが、なんと、私のすぐ脇から、確かに「くふっ」という幽《かす》かな含み笑いと共に、とてもいやな臭いが放たれた。この臭いは、以前「ゾンビ人形」としてつくられた香港製の玩具から発せられた臭いと全く同じであった。

私の周りには、姿が見えないが、ゾンビたちがいて、私が高橋信次を否定しようとしたその瞬間、ゾンビたちは「しめた」とばかり喜び勇んで、含み笑いを発し、自分たちの臭いを放出したのである。

そのあとすぐ、気をとり直した私の心に「だからワシ（＝高橋）を信じ（＝信次）よ」という言葉が響いたのであった。

悪霊界（地獄界、闇の世界）から、人々の心の前進に対して今も執拗な防害が続いている。これは、今回の文明（アトランティスの沈没後）の歴史と共にずっと続いてきた光明の世界と闇の世界との攻防（角逐）なのである。そしてそれは、地球全体の環境悪化につながり、もうこれ以上このまま進んでいったら大変な事態になってしまうという瀬戸際まで来ているのである。

高橋信次という人は前世が釈迦であり、園頭氏やその他多くの人たちも、過去インドの時代に過ごした記憶を想い出した。しかし、こうしたことのすべてが悪霊たちの仕組んだ大芝居なのだということが万一にでもあったとしても、その時は、今世現われた高橋信次その人だけは信じられるのだとすればよいのである。

これだけの人物に、たとえ私は直接会ったことはなくとも、この人の著作物、そしてまた、この人を正しく世に知らしめようとして著された他の人の著作物によって、確かに史上最も信頼できる人であったこと、この人がこの日本に生まれ、今世短い生涯であったといえども、地上人類に多大なる光明を与えていったことだけは間違いないからである。

第2章

般若心経を正しく解釈する

◎誰も正しく理解していないお経

中国の僧、三蔵法師（玄奘《げんじょう》：602年〜664年）は、唐の都である長安から仏教の真髄を求めて遠く天竺《てんじく》（インド国）を訪ね、悪戦苦闘の末、ついに釈迦の到達した悟りというものがどういうものであるかを理解した。

そして、その要諦を『大般若経』という経典の中から抽出したのが、本文266文字、題字10文字の、こんにち多くの人たちに知られている『般若心経』である。

私たちは、葬式、その他法事の際、お坊さんの誦によってこの般若心経をよく聞かされるのであるが、多くの人がその意味を充分理解しているかについては、大いに疑問のあるところでもある。

一般には、このお経はとてもよいお経であるので、それを故人のためにあげてもらうことが必要であると思われている。さらにまた、日常の生活においても、心に何か問題を抱えているときに、仏にすがって解決してもらうことを願ってこのお経を唱える。そうすると、確かに効き目があるような感じがする。人によっては、このお経を筆写（写経）することで一層の功徳が得られると信じて、毎日毎日それを実行している。

こんにちでは、このようなことが生活の中に取り入れられて習慣となっている。

しかしながら、そのようなことのために般若心経、さらにその他の仏教のお経というものがあるのであろうか。

例えばの話――。

葬儀において、故人が生前お経のことをよく理解していた、また、葬儀に参列する人もお経の意味するところがよくわかっている、そのような状況下でお坊さんがお経を唱えてくれるなら、それは大変有意義な葬いの行為となるだろう。

しかし実際には、葬式等に参列する多くの人は、唱えられているお経をただ漠然と聞かされているだけであろう。

こんにち見られるこのような習慣や形式では、お経は単にお坊さんがその役目を果たす便宜的な手段として扱われているにすぎないと言えよう。

私たちにとって本当に大切なことは、何よりもまず、このお経の意味するところがどういうものなのかを知ることにある。そうでないと、こんにちまでの習慣、儀式がいつまでも続いていくことになるだろう。

さらに問題なのは、一般の人たちとは違って、仏教等に関していろいろ勉強している人たち、いわば仏教の専門家の人たちが、この般若心経の意味するところを正しく理解しているのかと思うと、どうもそうでなく、ほとんど誰もよくはわかっていないということである。

なぜそう言えるのかというと、近代に入ってからこんにちまでの世の中には、沢山の般若心経に関する解説書が出ているので、私もできるだけそれらに触れてみたのであるが、高橋信次の著作『原説・般若心経』以外には、納得のいく解説がなされていなかったからである。高橋信次の著作に出会って、やっと腑に落とさせてもらったという気持ちであった。

◎あの世こそ「主の世界」である

そこで、ここからは高橋信次の施した解釈を土台として、それを私流に均《なら》すことで、このお経の意味を解説していきたい。

まず最初に指摘したいのは、基本的な真理である「あの世とこの世がある」ということを、一般に見られる解説書でははっきりと説明されていない、という点である。

そもそも「仏教」というものを論じている書物の中にも、「釈迦はあの世はあるともないとも言っていない」と述べられているくらいであるから、この基本的な真理が曖昧模糊となっている。

しかし、もうそのような曖昧なことで済まされる時ではない。

釈迦の「悟り」から窺える基本的真理は、あの世は厳然とあり、あの世こそ「主の世界」であって、この世は「従の世界」として構成されていることである。

あの世の存在があるのだとわかってしまうと、あの世の「地獄界」に巣くう霊たち

（いわゆる「悪霊」）にとっては、まことに都合が悪いことになってしまう。本来の天界にはなかったのだが、地上での生活において自分勝手な振舞いばかりで、一切の反省もないまま地上を去った魂たちがつくり出した地獄界、そこに巣くう人たちは、地上で暮らす人たちに不安、恐怖の思いを生じさせ、その想念が自分たちの生きるエネルギーとなっているからである。ここに、容易に解決できないポイントがある。

それゆえに、釈迦の眼前に地獄の大魔王パピアス・マラーが現われ、何としても釈迦の悟りを阻止せんとしたのだが、その結果は逆に、自分があの世からのものであることを露呈させてしまった。

このように、「あの世があること」をハッキリと証明してしまった逸話が残っているのであるが、巧みにそのことをこんにちまで世間の多くの人をして信じ込ませない状況をつくり上げてきたのである。

端的に言えば、「あの世などあるはずがない」と信じている人たちは、残念ながら地獄界の波動をまともに受けて、あの世はないと思わされている。つまり、知らず知らずに感化されてしまっているのである。

◎「般若波羅蜜多」の本当の意味

次に、このお経の要点として指摘しなければならないのは、「般若波羅蜜多《はんにゃはらみた》」というのは、いったいどういうものなのかという点である。

この点についてては、一般の関連書では解析もなされていない。それは、正しく解析できなかったからで、高橋信次によって初めてこの語句の意味とメカニズムが解明されたのである。

人は、この地上に何回も何回も出生してあの世に戻っていくこと（輪廻転生）を繰り返している。地上での生活は、さまざまな心を持った人たちの混合世界であるから、そのことが心の修行には適した環境と言える。

天界において住む場所は、心の段階によって厳格に分けられている。そして、地上及び天界を永遠に生きる魂には、膨大な知識が知恵となって蓄えられている。そうして、この「蓄え」が魂の中に内在として詰まっている。

この「詰まる」は「満ちる、いっぱいになる」の意味で、「蜜多」の語は、インドの言葉のミータを、中国では「滋養の豊富なもの」ということで「蜜多」の字を当てたのであるが、これは「詰みした」「満ちた」の日本語に当たる。

あとでさらに詳しく説明するが、「般若波羅蜜多」とは「知恵の詰まっている内在への到達手段（方法）」ということになる。しかし、この内在は地上での生活においてはほとんど潜在化されていて、せいぜいその10％程度しか表面に出てこない。まれに幼い時からこの潜在化されている内在部分に通じることで才能を示す例があり、世間はそういう人たちに驚いてしまうことになる。

だが、この内在に到達するには、心の総体的な成長を伴ってなされるのが正しい過程である。そうでないと、まだ成長していない心の部分が、いわゆる「悪霊」に侵入されて、正しい心を保てなくなることになってしまいかねない。

なお、「蜜多」という言葉は、20世紀の有名な心理学者ユングが示した「超潜在意識」と関係があるが、ユングは人間の「輪廻転生」の真理までは説明できていない。

さて、ここで「般若波羅蜜多」の言葉を詳しく分析すると——。

まず、冒頭の「般若」という言葉は、「知恵」の意味で、これは「どうしたら、どのようにして（波羅蜜多に到着できるか）」という思索の知恵で、その意味では「手段、方法」とも訳せる。

次に、「波羅」は「…に（向って）」という意味で、英語ではtoトゥーまたはforフォーに当たる。そしてこれは、スペイン語（以後「ス語」と言う）やポルトガル語（以後「ポ語」と言う）のparaパラ（「…に、のために」の意味）にそのまま当てはまる。

そうして、それらの語をつなぎ合わせると、「知恵の詰まっている内在への到達手段（方法）」という意味となるのである。

このように、「般若波羅蜜多」をここまで詳しく克明に解説しているのは、高橋信次しかいない。

◯「空」と「不（無）」の意味するところ

般若心経には、「空」や「不（無）」の語句が多く出てくる。

一般には、「無」は何もないということだから、いろいろな事象、心象はすべて何もないのだ、あると思うからあるので、本当は何もないのだ（ないと思うのだ）と言う。つまり、そういう「心の持ち方」が大切であり、これがこのお経の教えの本質である、と説かれている。

しかし、「何もないのだ」と言われても、それらは実際の地上世界では「すべてある」わけで、それら有形のものがからみ合って存在しているのが現実である、と断定した上で論じなければならない。ゆえに、もう少し違った観点からの解釈が必要となろう。

人は、地上での生活では肉体というものを持つことになる。この肉体に、永遠不滅のエネルギー体「魂（心）」が宿るしくみである。

肉体が老いて朽ちることになると、魂はこの地上での生活で経験したさまざまな思いを蓄積させて肉体から去っていく。すなわち、このさまざまな思いは「あの世」に持って帰れるわけだが、肉体はもとより、物質的なものは何も持って帰れない。「お金(財産)」「地位(権力)」「名誉」は地上のみにあるものだから、それらは全部置いていかねばならない。

一方、それらを得るための過程において「考えたこと、計らったこと、実行したこと」のすべての「思い」は、魂の中に詰め込まれていく。そして、その他のさまざまな思いと一緒にあの世へ持って行くことになる。

それゆえ、この地上における生活の中で経験していく「思い」は、その時その都度「正しい基準」で「空《くう》じる」ことが必要となる。ちなみに、「空じる」とは、どのような事象、心象に遭遇しても「これらのことは何ということもない(何とも思わない、気に止めない、執《とらわ》れない)」という心の処し方のことである。すなわち、心の中で「よく昇華していくこと(浄化、純化)」が最も大切なこととなる。

逆に、空じていない思いでは、それが「心の曇り」となって蓄積され、重く澱《よど》んだ世界に通じていくことになる。

　それゆえ、「あると思うからある、本当は何もないのだ」の解釈では不充分で、「実際あるもの、あったこと」を「何ら気にかけることのないように空じてしまう」ことがポイントである、と、このように解釈しないと正しいものにならない。

　それでは、ここからさらに詳しく説明をしていくために、般若心経の全文をここに記しておこう。

摩訶般若波羅蜜多心経《まかはんにゃはらみたしんぎょう》
観自在菩薩《かんじざいぼさつ》　行深般若波羅蜜多時《ぎょうじんはんにゃはらみたじ》　照見五蘊皆空《しょうけんごうんかいくう》　度一切苦厄《どいっさいくやく》
舎利子《しゃりし》　色不異空《しきふいくう》　空不異色《くうふいしき》　色即是空《しきそくぜくう》　空即是色《くうそくぜしき》　受想行識《じゅそうぎょうしき》　亦復如是《やくぶにょぜ》
舎利子《しゃりし》　是諸法空相《ぜしょほうくうそう》　不生不滅《ふしょうふめつ》　不垢不浄《ふくふじょう》　不増不減《ふぞうふげん》　是故空中無色《ぜこくうちゅうむしき》
無受想行識《むじゅそうぎょうしき》　無眼耳鼻舌身意《むげんにびぜっしんい》　無色声香味触法《むしきしょうこうみしょくほう》　無眼界《むげんかい》　乃至無意識界《ないしむいしきかい》
無無明《むむみょう》　亦無無明尽《やくむむみょうじん》　乃至無老死《ないしむろうし》　亦無老死尽《やくむろうしじん》　無苦集滅道《むくしゅうめつどう》　無智亦無得《むちやくむとく》

以《い》無《む》所《しょ》得《とく》故《こ》　菩《ぼ》提《だい》薩《さっ》埵《た》　依《え》般《はん》若《にゃ》波《は》羅《ら》蜜《み》多《た》故《こ》　心《しん》無《む》罣《けい》礙《げ》　無《む》罣《けい》礙《げ》故《こ》
無《む》有《う》恐《く》怖《ふ》　遠《おん》離《り》一《いっ》切《さい》顛《てん》倒《どう》夢《む》想《そう》　究《く》竟《きょう》涅《ね》槃《はん》　三《さん》世《ぜ》諸《しょ》仏《ぶつ》　依《え》般《はん》若《にゃ》波《は》羅《ら》蜜《み》多《た》故《こ》
得《とく》阿《あ》耨《のく》多《た》羅《ら》三《さん》藐《みゃく》三《さん》菩《ぼ》提《だい》　故《こ》智《ち》般《はん》若《にゃ》波《は》羅《ら》蜜《み》多《た》　是《ぜ》大《だい》神《しん》呪《しゅ》　是《ぜ》大《だい》明《みょう》呪《しゅ》　是《ぜ》無《む》上《じょう》呪《しゅ》
是《ぜ》無《む》等《とう》等《どう》呪《しゅ》　能《のう》除《じょ》一《いっ》切《さい》苦《く》　真《しん》実《じつ》不《ふ》虚《こ》　故《こ》説《せつ》般《はん》若《にゃ》波《は》羅《ら》蜜《み》多《た》呪《しゅ》　即《そく》説《せつ》呪《しゅ》曰《わっ》
羯《ぎゃ》諦《てい》羯《ぎゃ》諦《てい》　波《は》羅《ら》羯《ぎゃ》諦《てい》　波《は》羅《ら》僧《そう》羯《ぎゃ》諦《てい》　菩《ぼう》提《じ》薩《そ》婆《わ》訶《か》　般《はん》若《にゃ》心《しん》経《ぎょう》

◎般若心経の「私流」全文解釈

般若心経を含め、すべてのお経は釈迦が自ら記述したものではなく、釈迦の死後、弟子たちが釈迦の説いた言葉をまとめ、後世、それが書となったものである。

それゆえ、高橋信次にしてみれば、自分の説いた悟りの一端がこのようにまとめられていたのかという感慨をもっての解説になっている。

そして、それをもとにした私なりの訳をこれから述べていきたい。

『偉大なる般若波羅蜜多への心のあり方

私たち（一般の人）が観自在菩薩の段階になれるのは、心を深く行じて、ついに蜜多に到達した時である。そこに到った時は、五官で感じるものをすべて空じることになり、これにより一切の苦しみ、災厄から離れられることになる。

わかるであろう、舎利子よ《舎利子とは釈迦の弟子で「知恵第一」と言われたシャリープトラーのこと》。

そうなると、色の世界（この世）と空の世界（あの世）とは何ら異なることはなくなり、「色の世界（この世）」は「空の世界（あの世）」と同じである。そして、想い、行動、識る感覚も同様に、この世とあの世は同じものになるのである。舎利子よ。

すべてのものを空じることができるわけだから、「生きるの死ぬの」「きたないよ、きれいだよ」「そっちが増えた、こっちが減った」の思いはなくなり、「見たり」「聞いたり」「臭いをかいだり」「食してみたり」「触れてみたり」しなければわからない地上の感覚とは違うものになるのである。

それから「見ること」「意識すること」に限界というものもなくなり、すべてのことは明らかになり、その限界というものはない。また、「年をとって死ぬ」ということもなく、そのことがここで終わりということでもない。

「苦しみを感じて、これを滅するのだ」ということも必要なく、さらに「智を競う」「得《とく》を得《え》よう」ということもない。そして「住むところを得るのだ」の気持ちもなくなり、ここに到って「菩薩」の心に到達する。

般若波羅蜜多への到達によって、心には何ら引っかかるものがなくなり、それゆえに「恐怖」というものはなくなる。ここに、一切の間違った考えや思い違いは遠くしりぞけられ、「涅槃」の境地となれるわけである《涅槃とは「すべての煩悩を脱し、悟りの境地にいること」と辞書にある》。

過去・現在・未来において「仏」となるものは、皆、この般若波羅蜜多によって、悟りの最高境地、インドの当時の言葉で言われた「阿耨多羅三藐三菩提《あのくたらさんみゃくさんぼだい》」の段階に到るのである。

よって、この般若波羅蜜多は、「大神の真理」であり、「大明の真理」であり、「無上の真理」であり、かつ「並ぶことなき真理」であることを知るのである。

これこそ「一切の苦を除き」、まさに「真にて偽りのないもの」である。よって「般若波羅蜜多の真理」と言われるものなのである。

この真理を理解して実践することで、心は宇宙の心と合体していくのである。皆それをめざすのだ《羯諦《ぎゃてい》というインドの言葉は、心が身体から離れて、自分を含めた宇宙全体と一体になる現象であって、「宇宙即我」の語として知られるが、その「合体」の日本語に当たるという私流の解釈》。

ここに「菩薩」としての心の持ち方がある。それこそ般若心経の真髄である』

一般的な書では、「観自在菩薩行深般若波羅蜜多時照貝五蘊皆空」のところの訳を、「観音様が波羅蜜多を深く行じた時、五官で感じるものすべて空であることを知覚した」というようになっている。

しかし、このお経は観音様という個人を称《たた》えるものではない。観音様はすでに菩薩以上の心の持ち主であり、今さら心を行じて「一切の苦を除く」ことをする必要はないからである。それゆえ、この語文のとり方は、観音様が主語としてあるのでなく、主語となるべきは私たち一般の凡人である。私たちが、日常の生活の中から、心を磨いて、磨き切って、般若波羅蜜多に到達したならば、その時、凡人であった私たちでも「観自在の菩薩の域」にまで達することができ、その時は「こうこうこうである」と訳すのが正しい。

そう訳すことによって、このお経全体は、受動的な受けとめ方でなく、「よーし、それなら自分もそのような心になるぞ」と、主体的、能動的な決意となるわけで、それこそが三蔵法師の望んだ思いであろう。

くり返して強調することになるが、観音様が存在して、これこれこういうふうに悟ったということが、このお経の趣旨としてあるならば、「まあ、観音様と私たちでは月とスッポン、器が違いすぎるよ」と、最初から諦めの心が出てしまうことになる。そうではなく、私たちでも心を磨いていけば、やがて観音様のようになれるのだ、そしてそれこそが私たちが地上に存在することの目的なのだ、と言外に語っているのである。

◯心を「空」にするためには

では、いったいどうしたら心が「空」になれるのか。すなわち「浄化（純化）」できるかという具体的方法については、般若心経では詳しく述べられていない。しかし、このことは「是諸法空想」とそれ以降の文から推測することができる。

「不生不滅」というのは「生まれたり減ったりしない」すなわち「生まれたり死んだりすることはない」というのであるから、魂は「死なない」ということである。地上の人たちの多くは「死んだらどうなるのだろう」と思い煩い、「死は恐い」「死にたくない」との気持ちが強い。

オピニオン・リーダーとなるべき著名な作家たちでも、自殺したり、「死とは全く何もかもなくなることだ」と述べたり、数多くの臨床に関する書を読んでいる人でも「死についてはよくわからない」の言葉を残したりしているが、これもやむを得ない状況ではある。

しかしながら、答えは明らかなのである。

肉体は朽ちてなくなっても、魂は永遠に生き続けるのである。そして、地上における肉体でなく、新しい身体（光の粒子の集まりで「光子体」と呼ぶ）をまとって次元の違う世界に移っていくのである。

ゆえに、この基本的真理を、地上にある時の各人が、まず心に深く刻みこむことが必要となる。

地上の心では、「きたない、醜いもの」には嫌悪する気持ちがすぐ出るし、また「増えれば喜び」「減れば落胆する」のが一般的だが、「きたない、醜いもの」には「思いやり、同情、慈悲」の心を示し、「増えたり、減ったり」に対しては、その一喜一憂の気持ちをおさえることが重要となる。

高橋信次（釈迦）は、心を高めるためには何も特別な修行（修業）をする必要はなく、毎日の生活の中で「物事を正しい目で見て、正しく思い、そして正しく語ること」、さらに「正しく仕事をし、正しく暮らしていくこと」、さらには「正しく精進すること」、そしてそれを踏まえた「そうなれるよう正しく念じて、維持していくこと」

の、いわゆる八正道（正見、正視、正語、正業、正命、正進、正念、正定）を実践していくことが肝要である、と述べている。

つまり、「悟り」を得るため、肉体の限界を試さんと、火炎に身を晒したり、滝に打たれたりといった修行をする必要はないとしている。

また、密教というものも、じつは正しい仏教の道ではないとも言っている。釈迦自身も、インド時代、修行の最初の時期にそういった肉体行を試したりしたが、結局それでは悟れず、正しく中道を歩むことにより悟りに到達した。

今回再生した釈迦・高橋信次も、生まれてこの方、そのような方法も必要なく、与えられた環境を正しく生きたのち、時到って自らの前世を知り、心に秘められた能力を最大限発揮したのであった。

◎「摩訶般若波羅蜜多心経」の元となる言葉

「摩訶般若波羅蜜多心経」は、当時のインドでは「マーカ（マーハ）・パニャー・パラミタ・チター・スートラ」と呼ばれており、その言葉を中国語に訳したのが「摩訶般若波羅蜜多心経」である。

マーカ（マーハ）は、「偉大な、とても大きな」の意味である。となると、この語の現代語としては、英語の much マッチ、ス語では mucho ムーチョ（mucha ムーチャ：女性形）、ポ語では muito ムイント（muita ムインタ：女性形）に当たることになる。日本語では「まあー（凄い）」「まさに」「うんと」に通じる。

次に、パニャーには「般若」の字が当てられ、これは「知恵」の意味になるという。先述した私流では、この語を「方法、手段」と訳したが、それは、パニャーがバニャールで、ス語は banar バニャール、ポ語でも banhar バニャールに当たることになるからだ。

ちなみに、バニャールの意味は「入浴する」で、英語では bathe ベイズとなる。つまり、マーカ・パニャーは much bathe マッチ・ベイズで「沢山入浴する」。身体に付くのと同様、心にもアカ（垢）が付くから、このアカを落すため「沢山入浴していく」ことが大切になるわけだ。

パラミタは、中国語の当て字が「波羅蜜多」で、すでに説明したが「（知恵の詰まった）内在に到達すること」となる。そして、そのためには「何回も何回も心のアカを落すため入浴をする」ということになる。

チター・スートラは、中国語の当て字が「心経」。「心経」は「心行」であり、「心のあり方」となる。

この言葉を分解すると、まずチターは、ス語、ポ語で quitar キタールという語に当たる。この語の意味は「取り去る、除く、払いのける」。英語では quit クウィットで、「…を去る、…をやめる、放す」の意味。日本語にすると、チターは「散《ち》るした（る）、去（キョ、さる）るした（る）」となる。

次に、スートラはスフラで、ス語は sufrir スフリール、ポ語は sof(f)rer ソフレール、英語では suffer サファーに当たる。これらは「苦しむ、悩む」の意味。日本語に当てると、sはk音やm音となるので、kuffer クファーとなり、「苦しくするしている（させている）」、そして muffer ムファーで「悩むする（させる）している」となる。

よって、全体として、当時のインドの言葉マーカ（マーハ）・パニャー・パラミタ・チター・スートラは、現代の日本語としては「沢山お風呂に入りなさい。さすれば内在に通じて、苦（悩み）を除くことになる」ということになる。

身体の垢は目に見えるので、お湯なり水なりを毎日浴びれば落とせるが、心に付いてしまう垢は目に見えない。しかし、毎日の心の行為において、「怒り」「うらみ」「ねたみ」「あなどり」「嬌《おご》り」「無情」「無慈悲」「怠惰」「虚偽」「情欲」「勇気の欠如」等々がなかったか、あったとしたら、これらはすべて垢となってたまっていく。これらの垢を心の入浴によって落として、もう付かせない、その努力の道が「般若」なのである。

余談になるが、「般若」という語を辞書で探ると、「(1) 実相の真実を達観する知恵」とある。しかし、一方で「(2) おそろしい顔つきの鬼女」ともある。「鬼女」というのは、それが女であろうが男であろうが別に構わないが、なぜ一方で「達観する知恵（者）」が一方で「鬼顔の人」となるのか。訝るところである。

この対極となる意味がどうして出てくるのかを考えると、おそらく次のような状況からであると思われる。

地獄界に住する者たちは、皆恐ろしい形相をして、魔王たちを中心に皆が覇を競い虚勢を張って生活している。その恐ろしい形相をもって、釈迦の悟りを阻止しようとして出現した大魔王（パピアス・マラー）であったが、釈迦の諭《さと》しの言葉に、ついに「自分も反省する」と言って去っていった。その時の表情は、柔和なものになっていたであろう。

また、「悟りを得た人」に対して、その人に危害を与えんと迫って来る者があったとして、その者が悟った人の顔をのぞき込んだとしたら、そこには恐ろしい「鬼の顔」を見ることになり、たじろいで何も手出しができなくなるという現象が起きることになる。ちょうど、20世紀の初期に発表された著名な科学者アインシュタイン博士の『相対性理論』が、「心のしくみ」の面にも適応されると推察されるわけである。

◯なぜ菩薩が地上に再生してくるのか

ところで、菩薩の心に到達した人は、あの世に戻ったあとはもう地上に出て心の修行をする必要はなくなるが、実際にはそのような人たちも再生して世界各地に現われる。全く現われる必要がないとすれば、この本のタイトル「再生した釈迦」が理屈に合わなくなってしまう。

菩薩界以上の人たちがこの地上に再来してくるのは、地上の人々が、人として正しい道がわからなくなり、混乱や無理解が生じている時に、これを正しく指導するため、いわゆる「天使」、さらにはまたその上の役目「救世主」として現われる場合である。

しかし、地上に出てくると、歴史が示しているように、すでに構築された環境のためもあり、自分が何者であるかわからないまま一生を過ごして、あの世に戻り、そこで気がついて、「あーしまった。もっと地上に肉体を持っていた時に頑張るべきであった」と反省するケースもあるという。

地上は、既述したようにさまざまな心を持った人たちの混在する世界である。そのため、善悪の判断はすぐわかり、心の修行に適した場所となっている。しかし、天界では、その人の持つ心の大きさ、それは「光の量」によって測られるが、それによって厳然と区切られた世界となっている。

その天界の最上段階が「如来界」と言われるところで、そこに住する人の心は「全くの無私の心」で「愛、慈悲に満ちた心」となっている。高橋信次の書によれば、その当時（1970年頃）では423人の如来の人たちがいたと述べられている。

そして、その下の「菩薩界」の人たちも、如来界の人たちと同じように心は高められているが、まだ自分の身を飾るアクセサリーを付けたい気持ちが残っている段階と言える。そういう人たちの数は、当時で2万人近くであったと述べられている。

それらの魂が中心となって、この地球全体を見守り、調和をめざす努力をしているわけだが、現実の地上においては、科学的な諸方面では著しい進歩があっても、相変らず各地で大きな戦いが起こり、現在もまた勃発している。

さらに現在では、地球自体も衰えてきて、急激な温暖化現象のため極地の氷も解けだしている。これに伴っての自然災害も甚大となり、その被害は深刻となっている。もちろん、これらの悪環境の元凶は、地上の人たちを知らず知らずに引きずり込んでいく地獄界の波動なのであるが、これに気がつかないのである。地獄界の波動は地上の人たちをして「飽くことを知らない欲望」の想念をつくり上げ、その想念の結集が地球の衰えの原因となっていると断言できるのである。

もちろん、天上界（如来、菩薩界）からも、これまで必要な時には地上にさまざまな人たちを送り出してきた。3000年以上前のエジプトで、ユダヤ民族を奴隷状態から解放するために出現したモーゼには、大いなる奇蹟を起こさせる力を与え、2500年以上前のゴーダマ・シッダルタ（のちの「釈迦」）や2000年前のイエス・キリストも、同様に奇蹟を起こす力を与え、「心のしくみ」について人々を説得させる力を与えた。これらの人たちは、如来界の中でも最上段階の位置にある人たちである。

18世紀のスウェーデンに生存したスウェデンボルグという人は、高橋信次によると、イエス・キリストの弟子のヨハネの生まれ変わりだという。彼は、さまざまな超人的行動を示した。ある時は、他国に滞在中、本国にある自分の家の近くに火事が起こり、それが今自分の家の近くまで来ている、やがてなんとかそこで収まった、というように、あたかもその火事の進行を目にしている様子を示したり、またある時は、天界に行って偉人（地上で）であった誰それに会ってきたというようなことを述べている。日本でも、有名な俳優の故・丹波哲郎氏が、この人のことを知り、その本をよく読んで「霊界」についての研究を深めていった。

また、日本では大正から昭和の初めに出口王仁三郎という人が出現したが、この人は、高橋信次によれば「菩薩界」からの人であったという。「大本教」という教団を義母の出口ナオと共に創建し、天からの声ということで膨大な予言書を発表した。日本のみならず、当時、中国の東北部にあった「満蒙（満州と蒙古にまたがる）」の地で奇蹟の行動を起こしたりもした。

こういう人たちに対して、当時の一般大衆の人たちは、その示されたメカニズム、つまり、どうしてそういうことができるのかということについて全くわからずじまいで、それがこんにちまで続いている。

スウェデンボルグの場合、同時期に生きていた有名なドイツの哲学者カントは、「どうしてあのような超人的行為ができるのか」と、強い興味をもって面会を望んだが、スウェデンボルグが会う必要がないということで実現されなかった。カントの頭の中では、当然「あの世の存在としくみ」はよくわかっていなかっただろうから、いくら説明しても無駄であろうとスウェデンボルグは判断したのかもしれない。

出口王仁三郎の場合などは、「世間を騒がす行動」だということで、一時警察に逮捕され、監獄に入れられたほどであった。

もっと古い年代では、ノストラダムスがいて、この人は16世紀中頃に『諸世紀』と言われる予言の書を著し、その予言には1999年には世界が大転換を迎えるということで、20世紀後半、それに関してさまざまな解説書が大ブームとなった現象がある。その解説書を書いた著者は、ノストラダムスという人は「予知能力に特に秀れた才能を持った人」と判定しているが、予知能力は当然天界に通じてなされるものであるから、それをもとに分析する必要があったと言える。ちなみに、高橋信次は、ノストラダムスに関しては、園頭氏に「この人はイエス・キリストの系である」とのみ伝えたとある。

◎「ファティマの予言」の存在

私個人が最も関心を引かれるのは、1917年に発現した、いわゆる「ファティマの予言」というものである。

これは、ポルトガルの一寒村であるファティマというところで羊飼いの手伝いをしていた3人の子供たちの前に、天から「聖母マリア」が現われて、三つの予言を与えたという逸話である。

その予言の内容は、一つめが、当時の世界を巻き込んだ第一次世界大戦はまもなく終わるというもので、二つめは、そのあと20年後にはもっと恐ろしい規模の世界戦争が始まるというものであった。

聖母マリアは、さらにもう一つその先の予言（三つめの予言）をしていたのだが、その内容はローマ法王庁の法王私室の金庫に納められてしまった。

１９４０年代の初め、二つめの予言通り第二次世界大戦が始まった。そのため、第二の予言が当ったのなら第三の予言はどうなっているのかと、法王は金庫に納められているメモを取り出して見た。その瞬間、ローマ法王はその場に卒倒してしまったのである。

それ以後、このメモと内容は極秘とされ、封印されて金庫に納められてしまった。しかし、この第三の予言で述べられている出来事は20世紀の終わりまでには起こるということもあり、その20世紀の終わった西暦２００１年、予言の内容が世界的注目のもとに発表された。

その発表は、当然日本の新聞社にも伝えられ、私もそれを見たが、今度は自分のほうがあきれて卒倒するくらいの衝撃であった。なぜなら、それはなんと「ローマ法王の暗殺未遂」ということであったからである。

１９４０年代のローマ法王は、たとえ自分が暗殺されようとも、自分一人の悲劇に卒倒するような胆のない人間とは思えないし、西暦２０００年に近い時期ならば、自分が老齢となってそこまで生きて法王の座についているかも疑わしい。別の人が暗殺されるのなら、なおさら卒倒などするわけがない。第三の予言のメモを見てその場で卒倒したというくらいの衝撃であったというのなら、それは考えられないほどの惨事が発生することの予言以外には考えられないだろう。

はたして、西暦2000年が過ぎて、ローマ法王庁も安心したのか、そしてヨーロッパを中心に第三の予言のことはよく知られていることもあり、発表せざるを得なかったのであろうが、それがローマ法王の「暗殺未遂」であったとは――。これでは誰も納得しないと思うのだが、この発表に対する世界の反発の声も聞かれなかったのが不思議である。まあ、何も特別大変なことが起きないほうがそれに越したことはないに決まっているが。

しかし一方で、ことは天界が直接絡んでいることなのである。羊飼いの手伝いの3人の子供たちの前にはすでに2回ほどマリア様が現われ、3回目に降りてくる時は重大な予言をすると約束したわけである。

このマリア様の出現の噂は、当時戦争中であったが、3回目のその出現を迎える時にはヨーロッパ中に広く知れ渡っていて、ジャーナリストをはじめ多くの人がこのファティマに集まった。しかしながら、大人の眼はすでにバイアス（ゆがみ）がかかっていて、マリア様が見えない。子供たちが「いまマリア様が降りて来ました」「そしてこのような予言をしていきました」との言葉がメモにされ、知らされたのがこの予言であった。

しかし、その予言の実現は、西暦2000年までにはなされる。それゆえ、西暦2000年もなんとか世界的な惨事は起こらず過ぎてしまったのでひと安心である、というのが、しばらく前までの世界の状況であった。

●出口王仁三郎による「世界大戦」の予言

一方、菩薩界からこの日本に出てきた出口王仁三郎は、西暦2018年には「よもつひらさかの世界決戦」の火ぶたが切られることを発表している。出口の出現した時期はファティマ予言のなされたすぐ後くらいであるので、これを重ねると、天界ではこの当時、先を見越し、魔界への対抗のためにさまざまな方策を施す時機に当たっていたのではないかと思われる。

当然、出口王仁三郎は天からのメッセージを伝え聞いて「よもつひらさかの戦い」と記したのであろうが、天からの声は、これを聞く者がどういう言葉なのか正確には聞きとれないか、あるいは意図的に天の声はそう言ったのかはわからない。いずれにしても、「よもつひらさか」という語は、意味不明である。

筆者としては、これは「世が持つ（保つ）か否かの戦い」という言葉に当てはまるのだと推測する。

この地上は、人々が心の修行をなしていく場ではあるが、そこは同時に、善か悪か、すなわち天界（光の世界）と地獄界（魔界）とが角逐する場所でもある。

天界は、地獄界の闇の中に光を投じてその世界を明るいものにし、究極的には地獄界をなくさんと努力しているが、地獄界にとっては、明るくなってしまうと自分たちのよりどころとするエネルギー（悪の想念、不安の想念）が枯渇してしまうため、あくまで対抗するという図式なのである。

その図式の最終局面が「世が持つ（保つ）か否かの戦い」で、それを天界はあらかじめメッセージとして伝えて来たのではないか。これがファティマの第三の予言であり、出口王仁三郎の予言であると推測するのである。

２０１９年の終わりから始まった「コロナの疫病」の蔓延は、１年以上の遅れではあるが、２０１８年と予言された「よもつひらさかの戦い」の端緒であり、次にロシアによるウクライナ侵攻やイスラエルを軸とした戦火の拡大が次の段階の様相を呈している。

こんにちの世界は、どの国も一国だけでは国の安定を維持できず、さまざまなかたちで互いにつながっている。戦争は、どの国の一般国民にとっても望むところではないし、一般国民のレベルでは他の国々の人たちと友好的に結びついている。それゆえ、国と国とが戦争を起こすのは、その国を率いる「長」そしてそれにおもねる人たちの考えに起因する。

だから、その国の首長が天界のメカニズムを真に理解することになれば、必然的に

「戦うこと」「人を殺すこと」の恐ろしさがわかるはずである。それがわからず、あくまで国民を犠牲にして自分（自分の味方）の利のみを考えるとしたら、「もはやこれまで！」という結末を迎えることになるわけだ。

般若心経の解釈からかなり離れた論の展開となった感もあるが、これは「心のしくみ」を多くの人たちが知ることによって、現在抱える世界の諸問題が解かれることになると真に思うからである。

第3章

ピラミッドの謎を解明する

◯深まるギザのピラミッドの謎

エジプトのギザ（ギゼー）にある三つのピラミッドとスフィンクスは、いまだに解明されていない世界最大の謎である。

これが、誰の手（指令）によって、何のために建てられたかについては、こんにちまで諸説あるが、どの説も人々を充分納得させたものになっていない。

当初、このピラミッドは王墓であると考えられていた。それは、紀元前5世紀にこの地を訪れたギリシャの有名な歴史家のヘロドトスが記した書の中で、そのように記述され、それがずっと信じられてきたからだ。

しかしながら、近年において調べられてきた過程で驚くべき事実が発見され、ギザに建っているピラミッドは、エジプトの他の地域につくられた沢山のピラミッドとは全く異なることがわかってきた。他のピラミッドの多くには、歴代の王たちの遺骨や遺物があり、王墓としてつくられたことが判明している。しかし、ギザのピラミッドについては、王様の遺骨も何も発見されなかったのである。

それどころか、このピラミッドには驚異の事実が隠されていることがわかった。

そのため、いったい全体、このピラミッドは何なのだ、と、増々その謎が深まってこんにちまで来ている。

ギザの台地の三つのピラミッドは、これまで、エジプトの古王朝時代の第四王朝と言われる、王朝最盛時代をもたらした紀元前2600年～2500年代のクフ王から、その後のカフラー王、そしてメンカウラー王の時代にわたって、強大な富と権力を駆使して建てられたものと言われている。そして、その最大のものが一番北側にあるクフ王の建てたもの（「大ピラミッド」と言う）で、真ん中に位置する少しだけ小さめのものがカフラー王の建てたもの、そして特に小さい三つめのものがメンカウラー王のものとされている。

しかしながら、1975年に邦訳出版されたトーム・バレンタイン氏の著によって、「ケオプス（クフ王のギリシャ語名）は、大ピラミッドを自分の指令で建てたのではなく、すでに建っていたものを利用しただけである」と明言されたのである。

このことは、近年、多くの人たちの調査によっても明らかなものとなってきている。それによると、この大ピラミッドは、その外部構造において、現代の科学で証明されている定理や公理がふんだんに盛り込まれたものとなっており、その内部構造においては「人間個人の心の歩み」と共に「世界全体の歴史の動き」を示しているとされているのだ。

まず、その外部構造について、驚異の事実を以下に挙げてみる。

ひとつは、大ピラミッドの底部の四つの辺が、極めて正確に、地球の現在の「東西南北」を示していることである。正確に東西南北の四つの方向に向けて建造するには、きわめて精密な技術が必要とされる。

さらに、この四つの辺の長さの合計が３６５２４・22インチになっていること。この数字は、太陽暦の1年の日数３６５日と4分の1を１００倍した数字であって、1世紀（１００年）の日数に相当するのである。

こんにち使われているインチ（ブリティッシュ・インチ）と、この大ピラミッドの寸法から割り出されて使われていたというピラミッド・インチには、ほんのわずかな違いしかない。そして、そのピラミッド・インチの1インチは、地球の南北両端を結ぶ直径のちょうど5億分の1をもって寸法単位としていた。ということは、尺度を設定するに当たって、地球の極直径が最も絶対的な基準となることをすでに知識として持っていたことになる。

そして、定理（公理）の極めつきは、次の事実である。

この大ピラミッドの底辺の長さの和（四底辺の長さの合計）の2分の1と、この大ピラミッドの高さ（こんにち見られる大ピラミッドはその頂点が欠けている状態であるが、その頂点があったとしての高さ）との比率は、なんと3・14159対1となっている。この数字は、ご存じの通り、円周率を表わす。大ピラミッドはこの定理をも盛り込んで建てられているのである。

その他、地球や太陽に関するさまざまな数値が盛り込まれていることもわかっている。

次は、大ピラミッドの内部構造の驚異について。

この点については、あとでさらに詳しく述べるが、要約すれば、そこに存在する通廊や部屋（室）の構造に、「人類の歴史の動き」、そして「個人の心の進め方」、つまり「心の道程と到達すべきところ」が示されている。

こうした驚くべき事実を持っているのが、ギザのピラミッドである。

これほどのものが、本当に紀元前２６００年〜２５００年のエジプト王朝の最盛期（エジプト古王朝時代の第四王朝の時代）に建造されたといえるのであろうか。

●人類の本当の歴史とは

これから論を進めるに当たって、前提の事実として頭に刻み込んでいただきたいポイントがある。それは、既刊『日本語も英語も同じ語源であった』（たま出版）でも述べたことだが、人類の地上における歴史のことである。

一般に、人類は「ジャワ原人」や「北京原人」が現われたあと、ネアンデルタール人を経由し、数万年前に現われたクロマニヨン人をもって現代人と同等の人間になっていったとされている。また、現人類は数百万年前にアフリカのエチオピアの地域から始まって、そこから中近東やヨーロッパ、またアジアに進出していったという説が唱えられている。

こうした通説は、じつは全くの間違いである。

事実は、人類は遥かな昔から現代人と同じ形態と知識を持っており、他の星から、いわゆるＵＦＯのような飛行物体に乗ってこの地球に来たのである。つまり、そのような飛行体をつくって宇宙を翔ぶ知識を、その時点においてすでに持っていたことになる。

では、彼らはなぜこの地球に飛来したのか。

その理由は、永遠に生きる魂（心）のさらなる修行のためにこの地球を選んだということである。それまでは未開拓であった地球の地を、調和のとれた姿にし、その過程において個人、そして全人類の「心」をさらに磨いていくことがその目的だったのである。

それゆえ、伝説として残されている「エデンの園」には「生命の樹」と「知恵の樹」

が植えられている。これは、人間の魂は「死なずにずっと生きている」こと、すでに人間には「知恵が詰まっている」ことの事実を示しているに他ならない。

しかしながら、地上に肉体を持って生活することにおいて、当初は「楽園」の状況だったのだが、時の経過と共に、人々の心には欲望というものが入ってくることになった。

やがてその欲望は次第に増大していき、人々は互いに競い、争い、そして相手を殺したり従属させたりするようになってしまった。そしてそれは増々顕著となり、強者の集団は弱者の集団を制圧し、より強固となっていった。それと同時に、強国を率いる国王とそれを支える取り巻き連中には「尊大、ごう慢」の心がはびこり、ついには「あの世がある」という事実もわからなくなってしまったのである。

一方、他を打ち負かすための武器その他の技術面では、どんどん進歩していくことになった。これが「文明」という言葉に置き換えられて今に到っている。

ちなみに、今回始まった「文明」の歴史は、約12500年前、大西洋にあって最盛期を迎えていた「アトランティス帝国」の突然の海底への沈没、これによって引き起こされた地球全体の大惨事の後からのことになる。

◯アトランティス帝国の沈没からの推移

「アトランティス帝国」の沈没によって、地上に住んでいた人々の多くは、アトランティス国をはじめ世界の各地で亡くなったのだが、『ノアの箱船』の伝説にある如く、心の澄んで清い人たちは天界の導きにより地上に残された。

彼らはお互いに協力し、平和な暮らしをスタートさせていった。彼らは、人間の地上生活の目的は、さらに心を高めて太陽の如くなることであることを知っていた。それゆえ、王制の始まる前のエジプトは、争いもなく、疫病もなく、平和な時代が約5000年間も続いていたのである。

ちなみに、日本の場合は、それ以上の約1万年の間、戦のない、世界に類をみない平和な国として存在していた。これが、いわゆる「縄文時代」と呼ばれた時代である。

さて、アトランティスの海底への沈没から5000年も経ってくると、人々の間には清く純粋であった心に「たるみ（弛み）」が出てきた。「弛み」は「欲望」につながる。他者以上に優って、富や権力を得たいという心である。その増大過程が、こんにちにまでつながる文明の歴史となっている。

アトランティス国家の栄華と突然の滅亡を見てきて、エジプトに流れついた人々とその子孫たちは（バレンタイン氏によると「ヒクソスの民」となっている）、人類が将来同じ道をたどることのないよう、入念な計画のもと、現地の人々を感化しながら、ギザのピラミッド3基とスフィンクスの建造を考えたのであった。

トーム・バレンタイン氏によると、その建造には80年かかったとされている。完成時の年号は紀元前4699年。ちなみに、高橋信次の書では35年かかったと記されており、クフ王が建てたのだという説を取る書物では20年ということになっている。

このような状況なのだが、時が経つにつれてアトランティス国家の存在と海底への沈没の事実は地上の人たちの記憶から消えてしまい、そのような歴史はなかったことにされてしまった。それゆえ、1960年代後半に発表され世界的に評判となったスイス人のエーリッヒ・フォン・デニケン氏の説のように、「ピラミッドには高度の知識が盛り込まれているので、これは現存した地球人類が建てたのでなく、宇宙から来た者たち（宇宙人）が建てたのだ」という結論になってしまうわけである。

しかし、アトランティスの存在と沈没の話は、エジプトの神官たちから、やがてプラトン（紀元前427～347年）にまで及んで、書物の中に残されている。天の配剤で、たとえ細くなったとしても真実を伝える糸は切れなかったのである。

なお、トーム・バレンタイン氏の書では、大ピラミッド（クフ王のピラミッドと言われる）に比べて他の二つのピラミッド（カフラー王とメンカウラー王のピラミッドと言われる）は石工技術が格段に低くメッセージ性もないことから、別の人たちが建てたと推論されている。これには、後述する理由から、この二つもまたスフィンクスの彫像と合わせて、全部同じ時期、同じ指令によって建てられたと推論するのが正しいと思われる。

◯ピラミッドは王の墓ではなかった！

日本におけるピラミッド及び古代エジプト研究の第一人者である吉村作治氏は、元早稲田大学の教授であり、その後は別の大学の理事長にもなっている世界的に有名な人物である。

吉村氏は、これまでに何度もエジプトに長く滞在しており、今でも現地で探索を続けている。実際に自分たちでミニミニピラミッドまでつくって、それこそピラミッドの構造を基礎から考えたりした人でもある。当然、この人の著したピラミッドに関する書物を読まなければ、ピラミッドを語ることはできない。

それによると、自身も最初はギザのピラミッド群は「王の墓」だと思っていたと言う。ところがその後、これは王の墓ではないと気づいた（王の遺骨も何もなかったこともあり）とのこと。

当時（クフ王の生きていた時代）は、人は死んでも魂は生き続けると信じられていた。そのため、王の魂はあの世へ行っても再びこの世に舞い戻り、ピラミッドの通路から「女王の間（部屋）」、そして「王の間（部屋）」に入って、必要なエネルギーを増強し、さらに「王の間」の上の空間室に入ってエネルギーの極限を得ることができる。ピラミッドは、そうしたエネルギーを蓄える構造になっており、王はそのエネルギーをもって常に民衆を鼓舞し、率いていく存在だったということである。

さらに、魂がこの世からあの世へ行って再び戻ってくるためには乗り物が必要になる、つまり船（太陽の船）が必要であった。このことから、実際に大ピラミッドの側面の地中から太陽の船が発見されたというのである。そして、クフ王自身、太陽神ラーになぞらえられ、それにふさわしい振舞いを行なっていた。

ところで一方、エジプトの一般民衆は「人間の魂は死なない」ことや「人生の目的が太陽の如く、地上に光と熱（愛と慈悲）を無償で与えることにある」ことを知っていた。

だが、「富や権力を得んとする心」の持ち主は、同時に「それらをずっといつまでも保持したい心」となるため、たとえ自身の利となる「魂の不死」の部分だけは信じても、心が正しくあるべき部分は完全に欠如するようになっていく。これが、現実の「王族たちの心」である。いつの時代でも、それを知っている民衆は少なからずいるのだが、やがて次第に洗脳され、いなくなってしまう。

それはさておき、吉村先生の解釈では、大ピラミッドはクフ王が前述の理由で建造したもので、当時の民衆には苛酷な労働を強いたわけでもなく、ナイル河氾濫時には農耕の仕事ができず、代わりにピラミッド建設のための仕事を与えることで、むしろ価値ある公共事業のようなものであった、とも述べている。

さらに、このピラミッドには、クフ王が建設した決定的な証拠が残されているので、この点は絶対に譲れないポイントなのだとしている。この件は後述するとして、少なくとも吉村先生の考えの中には「アトランティスの存在と沈没」の〝歴史〟はなかったことと思われる。

◎「眠れる巨人」エドガー・ケイシー

さてここに、20世紀前半に注目された人で、アメリカに生まれたエドガー・ケイシー（1877年〜1945年）という人物を取り上げてみたい。

この人は「現代の眠れる巨人」と言われているが、それは、催眠状態になると、自身の過去（前世）のことを思い出して話し出すからで、それに関する記録は膨大な書物となっている。

それによると、自身はアトランティス沈没の時、難をのがれてエジプトへ脱出したのだという。その際、アトランティス時代に記録した書物やその他必要なものも一緒に運んだと言うのである。

こういう人が現代に生まれた以上は、アトランティスの存在はもはや一概に否定できるものではないだろう。

彼の死後、アメリカでエドガー・ケイシー財団が結成され、今でもギザのピラミッドの探索、つまり、ピラミッドがアトランティスに関係することを証明しようと努力をしている人たちに援助をしている。

◎大ピラミッド内部構造の秘密

では、ここで、大ピラミッドはなぜ建てられたか、そのカギとなる内部構造について詳しく述べていこう。

このピラミッド内部の構造は、人類がたどる歴史指標を示していると言われる。また、それは個人としての心の成長過程にも当てはまるものとも考えられている。

まず、入口からスタートして下降の道を歩んでいく。人類の心に我欲が発芽し、段々とそれが増殖していき、やがて他者を圧し、闘争の末に王を擁立して王朝が誕生し、そしてさらに繁栄していくのであるが、じつはそれは下向への道なのである。

やがて、ピラミッドの岩盤をくり抜いて下底の部屋にたどり着くが、そこは「混沌の部屋」または「さかさまの部屋」と呼ばれるところである。

ここは、天井が装飾されていて比較的滑らかだが、床はゴツゴツしており、ほとんど未完成のまま放置された状態にある。人間で言えば、外面は豪奢に着飾っていても、中身（心）がととのっていない。王朝に例えると、繁栄の象徴が豪勢な宮殿や強固な城壁であったとしても、その内部においてはさまざまな暗闘がうごめいている。つまり、この部屋は「間違いの到着点」を意味しているのである。

そして、この部屋からは、さらに別のところに通じる出口があるとも思える指標があるが、結局、そこから先には進むことはできないことになっている。

ところで、下方に向かう通路には、その途中、上昇に通じる箇所があるのだが、そこには大きくて重い扉がある。その扉とは、三つの大きな花崗岩で、これが上昇への道を塞いでいる。そのため、人（人類）はこの重い扉を開けようとせず、安易な道としてそのまま下方に向かってしまう。

しかし、そうなると行きつく先は「間違いの到達点」である。それゆえ、どうしてもこの扉をこじ開けて上昇の道を歩まなければならない。

これは、個人においても、またその集合体である世界全体においても同じことが言える。そうなると、この三つの岩は、三つの予言、前章で言及した「ファティマの予言」で、三つの世界大戦に符合していくのだろうか。

紀元820年、当時エジプトまで勢力を伸ばしていたイスラム教国アッバース朝の総督、アル・マムーンが隊を率いて大ピラミッドの内部の探索を試みた。その際、一隊は岩を避けて、その脇に穴を開けて上に昇っていくことにした。これは、大ピラミッド内部に何か財宝なり新しい発見物はないかという好奇心からであったが、結果として「女王の間」や「王の間」からも一切財宝及び新しい発見物は見つからなかった。もちろん、クフ王に関係する遺物も何もなかった。ただ、これが初めて大ピラミッド内部の上昇の通路に人が足を踏み入れた瞬間となった。

上昇通路は狭く、楽々と進んでいくことはできない。この過程では、個人としては己の信念の手探り状態で、今生のいろいろな経験、そして苦しみ等の反省が必要とされる期間とみることができる。世界も同様の過程を歩むことになるわけである。

この歩みの中で、個人及び世界の反省と意義の認識がなされることによって、やがて大きな変化（発展）の麓《ふもと》に到着する。

そこまでの上昇で、もう精一杯というか、これで満足としたら、その先は平行となり、やがてそれは「女王の間」に達する。この部屋への到達では「心の本当の完成」とはいかず、まだ中途の完成という段階である。それゆえ、個人そして集合体の世界は、そこの段階にとどまることをせず、さらに高度のものへと完成をめざして一層の努力がなされるべきで、この努力をもって進もうとする時に、上昇の道は突然広い通廊として眼前に開けるのである。そして、この大通廊に入れば、立ち上って足を思い切り伸ばして進むこともできる。ちなみに、この大通廊は「光の中の真理の広間」と呼ばれている。

◎「王の間」へと至る険しい道

ところが、この「女王の間」に通じる道と大通廊に入るその箇所には、もう一つの方向があり、それは坑状になっている。この坑に落ちてしまうと、真逆さまに「混沌の部屋」の手前の場所にまで行ってしまうことになる。よって、この坑の意味するところは、それまで上昇の努力をしてやっとたどりついたこの地点で、それまでの自分に満足し、自分もついにここまで来たかという心と共に、「増長、尊大」の心が芽生えて、他人への思いやり、慈悲、愛の心が欠けていくことになったら、その途端、正しい道から足を踏み外して、深い坑を真逆さまに転がり落ちてしまうという図式を表わしているのである。

これは、文明を高度に発達させながら、一瞬にして海底の藻屑となって消えてしまった、あのアトランティス国家の姿を連想せざるを得ない。

心の完成への努力を続ける人、及び世界は、この大通廊（光の中の真理の広間）を上ってその最先端にたどり着く。そして、そこからはさらに大きな階段があり、これを昇ることになる。この段階を昇りきると、ついに「王の間」と呼ばれるところの前部（玄関）に到着することとなる。

しかし、「王の間」に入るためには、再び腰をかがめ、もう一度（最後の）短いが狭苦しい通路を通らなければならない。つまり、もう一度自身の心に、一切の我欲はないか、また他者への思いやりに欠ける心がないかを確かめることが必要とされる。さらには、万物への感謝、尊敬の念、および謙譲の精神（実るほど頭《こうべ》の垂れる稲穂）が必要とされるのである。

このように、心が定まって揺ぎない状態となって、人と世界は「王の間」に入ることができるのである。すなわち、ここに到ってついに『心の完成』がなされる。これは、仏教で言えば「悟り」に当たる。ついに、そこに到達したのである。

ここに到ることによって、個人においては「死というものがない」ことを感得するのである。そしてまた、世界においては「争い（戦争）、疫病」がなくなり、楽園（ユートピア）が形成されていくことになるのである。

◯「屋根裏の部屋」の存在とその意味

「王の間」には、棺とおぼしきものが置いてあるが、この棺のようなものには一辺の箇所が欠けていて、縁《ふち》もギザギザになっていたり、さらに必要な蓋《ふた》もない。このことは、人間は肉体生命の終焉を迎えたとき、この棺状のものに納まって、やがて朽ちてなくなったとしても、魂（心）は肉体から離れて自由な行動をとることを意味している。

「王の間」の上部には、後の探索によって「屋根裏部屋」の存在が発見された。この部屋は、ピラミッドに積まれた膨大な量の石で「王の間」が押し潰されないよう設計されているとされ、「重力軽減の間」とも命名されている。

「王の間」からこの屋根裏部屋へ到るには、天井が塞がれているので、明らかに肉体を持って入っていけないことを示している。つまり、ここへ到るには肉体の次元とは異なる「霊（魂）」の次元であることから、このように遮断の形となっているのである。

この屋根裏部屋は、五つの部屋（層）で構成されている。なぜ五つの層となっているのか。それは、天界の「光ある世界」（闇の地獄界ではなく）が五つの層（幽界、霊界、神界、菩薩界、如来界）から成り立っていることと関係していると思われる。さらに、これが五層あることは、仏教のお寺に見られる「五重の塔」ともつながっているのであろう。仏教だろうが、その後のキリスト教であろうが、「天のしくみ」については一つで同じだからである。

以上の如く示された内部構造と既述の外部構造を有するのがこの大ピラミッドなのである。

はたしてこれが、正しくあるべき心が失われていく過程にある王朝期に、しかもそれが最盛期に建てられたと言えるだろうか。絶対にそうではない！　と断言できるのである。「正しい心」がどんどん失われていくことは、逆に「狡猾、悪知恵」の心が増殖していくことであるからだ。

○大ピラミッドは誰が建てたのか

エジプトの民衆は、ギザの台地にピラミッドが建って以来、これを「クフ」また「フティ」と呼んでいた。「クフ」の語は「栄光の光」の意味を持つ。「お釈迦様」の仏像を見るとわかるように、「悟り」に到った人からは大きな後光が放たれている。ギザの台地のピラミッドも、建てられた当時、表面はよく磨かれた石灰石に覆われ、太陽の光が反射してピカピカ輝いていた。現在では、カフラー王のものと呼ばれるピラミッドの頂上部にその名残りがある。

そしてまた、ピラミッドはかつて「不老不死」のシンボルと言われていた。栄耀栄華を手にした王が次に最も求めるのは、この「不老不死」なるものである。実際、人間はみな不老不死（魂は永遠不滅であるゆえ）なのだが、すでに王にはこの事実を正しく知る心がなくなっていた。

クフ王の父に当たるスネフェル王は、この「不老不死」を得るため、自分のピラミッドを建てることにした。しかし、このピラミッドはやがて崩れた姿として残っていくだけであった。

そこでクフ王は、燦然と輝くギザのピラミッド群を、自分で建てるまでもなく、すでにあるものを利用して自分のものにすればよいと思って、いろいろ巧妙な策を考え、大規模に粉飾していった。その完成に20年の歳月がかかったのだと思われる。

当然、その時代の民衆はこのことを知っていたが、それを広言するわけにはいかない。広言すれば、すぐ牢屋送りか、もっとひどい刑になってしまう。しかし、後年には、ある勇気のある人がいて、「大権勢の上で自分の思い通りのことをやっていたが、中身は卑しくて、こんなもんだ」という思いをもって、わずか大きさ7センチの彫像をつくり、それをどこかに隠した。それが何千年か後に砂漠で発見され、今では唯一クフ王の実像を知るものとして博物館に保存されている。

それではここで、先述の吉村先生が、大ピラミッドはクフ王が建てたものだと主張して絶対に譲れないポイントのことを述べることにしよう。

それは、大ピラミッドの「王の間（部屋）」の上の五つの屋根裏部屋の天井や壁に

「落書き」があること。そしてその中に「クフ」の名が王の印（カルトゥーシュと言う）に囲まれていて、その図柄が絶対に手（指）を差し込めない岩と岩のわずかな隙間に存在しているという指摘である。

ということは、このピラミッドが建設された後にこの図柄を書き込むことは不可能なわけで、この印「クフ」はピラミッド建設中になされたものとなる。ゆえに、これが絶対的証拠である、という主張である。そして吉村先生は、この大ピラミッドは、太陽神になぞらえられたクフ王が死んでもすぐ戻って来ることができて、地上のエネルギーを得られる復活の場であったと解釈している。

だが先生ご自身は、この解釈ではまだ不充分で、本当の意味で、このピラミッドが何のために建てられたのかはまだまだ不明であると告白している。

読者の方々はすでにおわかりかと思うが、「クフ」の名は、すでに民衆がこのピラミッドを「クフ」と呼んでいたわけだから、「クフ」の名が落書きされていても驚くことはない。また、太陽を表わす○が、やがて崩れて○状になっていくことの将来も見通されていたということになる。つまり、正しく丸い○の心が崩れて、やがて「楕円

（だれてしまった円＝王の心）」になることを見通していたということになる。

●大ピラミッドに隠された財宝とは

ところで、大ピラミッドに関して、高橋信次は「建設に35年かかった」と述べているのであるが、他にどのような関連した言説を残しているかを調べると、「ピラミッドには財が埋め隠されていて、その財は後世の人たちが使うために埋められた」と記述されている。

この記述に出会った時、私は大いなる疑問を持った。

9世紀にアルマムーン一隊が初めて上昇の通路の横に穴を開けたが、その先にある「女王の間」や「王の間」に入って見つけようとしても何もなかった。なのに、いったいどこに財が隠されているのか。また、もしどこか別の場所にあるのだとしたら、いったいいつそれは発見されることになるのだろうか。そしてそれが発見されても、使い尽せば終わってしまうではないか、等々の疑問であった。

しかし、その後、この埋め隠された財というのは全く物質的なものではなく、このピラミッドがいったい何なのかと、それを理解することに答えがあることがわかった。人類がこのピラミッド建設後の何千年か後に覚醒して、このピラミッドの意味が本当にわかったとき、それ以降を歩む人類のために、まさに有意義な人生の指針となるもの、それがこのピラミッドに隠された財と言えるものなのである。

人間は、いつまでも人間の顔であり続けることはできる。しかし、心の欲望を抑えられなくなってしまったら、行動としての身体は獣となってしまう。このことをスフィンクスは象徴している。

心の持ち方がいかに大切か。それを喪失したことによってアトランティス国家を中心とした世界文明は崩れ去り、なくなってしまったのである。

現在見られるスフィンクスは、彫造された当初は、頭部もライオンではなかったかという説がある。そしてその後、王朝最盛期に削られ、メネス頭巾の王の顔に変えられたという説である。ライオンの胴体に比して、頭部の大きさが釣り合わないほど小さいのは見のがせない事実だからであると言う。

しかし、頭部が最初から人間の顔をしていたことは、上述の理念、すなわち、人は人の顔であり続けても、心の持ち方が正しくなければ行動は動物（獣）である、ということからわかる。もし途中で王の顔にすげ替えられたとしたら、それは威光を後世に伝えんと、ギザの容貌を変えさせて自分たちが建てたものだとする意図を持っていたクフ王の時代からと推測される。

◎紀元前10500年と紀元前2500年の意味

こんにち、天文学と言えば、巨大な望遠鏡を使って宇宙を観察し、衛星などで太陽系惑星などを探査することなどが注目されているが、古代の天文学は、それらの道具に頼らずとも、星と星との結びつきや天界の流れがいかに地球上の事象に影響を与えるかを知悉していた。

それゆえ、後年、星の動きや輝きを見てイエス・キリスト（救世主）の誕生を知り、わざわざ確認のため、ベツレヘム（イエス・キリストが生まれたとされる地）を訪問した「東方の三賢人」の話があるくらいである。

近年、注目を浴びたグラハム・ハンコックとロバート・ボーヴァルの共著『創世の守護神』は、おもにギザの三つのピラミッドのことについて書かれたものだが、ここではその内容について一部紹介しておきたい。

この本によると、ギザの三つのピラミッドとナイル河の位置角度から考えると、これは天界における12500年前の様相を示しているという。つまり、ナイル河は天の「天の川」と見立てられ、ギザの三つのピラミッドはオリオン座を構成する中心の三つの星（ベルトスター）に当たり、地上にあるナイル河と、ピラミッドの位置の角度に合うのが、今から12500年前（紀元前10500年）の星座となるというのである。

さらに、この本が指摘しているのは、「王の間」と「女王の間」から正確に南北の外に伸びている合計四つのシャフト（「女王の間」のシャフトの先端はピラミッドの内で留まっているため外まで出ていないが）があるが、これが紀元前２５００年では天界における重要な四つの星に照準を定められていたというのである。ちなみに、その四つの星とは、「女王の間」の南シャフトが「大犬座」の「シリウス」を、そして北シャフトは「子熊座」の「ベータ星」を指しており、「王の間」の南シャフトは「オリオン座」の三つのベルトスターの中で最も明るい「アルニタク星」、そして北シャフトは「龍座」の「アルファ星」で、これらが紀元前２５００年の位置にぴったりと照準が定められていたというのである。

ただ、この二つの示された年、紀元前１０５００年と紀元前２５００年が何の意味を持っているのか、それについては示されていないので、この点においては私の推測となるが、それは次に述べる年に当たるのだと思われる。

まず、紀元前１０５００年は、大西洋にあった「アトランティス国家が海底に沈没した年」になる。そして紀元前２５００年は、このギザのピラミッド群とスフィンクスの建造目的がクフ王とその一族によって塗り変えられた年に当たるということである。

つまり、一方では過去の忘れられない人類の歴史（大惨事）を刻み、他方では、これから歩む人類の誤った道、その転換期を示しているのである。

正しい心と知恵を持ったアトランティスの生き残りの子孫達、それと純真無垢な多くの現地人の融和のもとに建造されたギザのピラミッドとスフィンクスは、新たに始まった人類の歩みに「警告」を与え、そして当時の農耕面においての実用性（カレンダー）をも兼ねていたものであるが、その真の目的は、勃興してくる富、権力への凄まじい欲望の心、それによって踏みにじられて、ついにはわからなくなってしまうという人類の過去、そして未来の歴史を教えるために、ここギザに壮大な建築がなされたのである。

ちなみに、このハンコック、ボーヴァル両氏の見解に対して、残念ながら吉村先生は、これはあまりにも妄想的な考えであると一蹴している。

◎スフィンクス、ピラミッドの語源から浮かび上がる真実

スフィンクスをつくった目的は、人間は心を高めて真の人間になれるか、あるいは欲望に負けて獣になり下ってしまうのか、その心の大切さを認識させることにある。

スフィンクスは英語で sphinx と綴られるが、これはｓスが「素（ス、もと）」で、phin フィンが fin で「終わる」、ｘクスは「…していく」に通じる。ゆえに「素、終了していく」で、「人間としての心を失っていく」となる。

また、phi はｐがｋ音となり、khi カヒ（カイ）で「回《かい》」「帰《かえ》る」に通じる。つまり、sphinx は「いつか素に戻っていく」とも解釈できるのである。ゆえに「獣に落ちた心がいつかまた素の（人の）心に帰る」ことを期待して、このスフィンクスの彫像そしてその語があると言える。

さらに、ピラミッド（英語綴りは pyramid ピラミッド）の語は、前章で説明したパラミタ（波羅蜜多）の語に当たるのだということを強調しておきたい。

人類は、この言葉「パラミタ」を心の底に刻まされているのである。それゆえ、アトランティス沈没後に立ち上ってきた人類社会においては、エジプトのみならず、大西洋の西側の中南米の人々もこのピラミッドを建て、人生の指針としていたのである。

ちなみに、中南米の人々は、自分たちの建てたピラミッドを「ピルマ・マンコ」と呼んでいた。現在の英語では「パラミーター（parameter）」という語はあっても、これは「《数学》通径、変数」の意味として使われている。それゆえ、ピルマ・マンコをもとにした paramount パラマウント（意味は「最高の、至上の、最高権を有する」）のほうが意味としては近いと言える。

さらに、ス語、ポ語を調べると、ピラミッドに当たる語には piramide ピラミデがあり、辞書の意味には「角錐、（エジプトの）ピラミッド、山積み」となっている。しかし、ピラミッドの語がパラミタに当たる語であるゆえに、ス語、ポ語では para-meta パラメッタという語が的を得た語として存在する。para パラは「…（に）向かって、…のために」の意味で、meta メッタは「目的、めざすもの、決勝点」の意味である。すなわち、para-meta は、英語で言えば to the goal トゥー・ザ・ゴウルで、「目的に到着した！」ということになる。

第4章

イエス・キリストの奇蹟と復活のメカニズム、そして十字架上の言葉

◎イエス・キリストは「神」か「人」か

イエス・キリストは紀元前3年に生まれ、紀元30年に没したと言われているが、その名前は世界中の誰もが知っているといっても過言ではないだろう。

彼の教えをもとにしたキリスト教は、イエスが存命中に見せた数々の奇蹟、そして死後の復活によって信心を確立したイエスの弟子たちによって布教され、こんにちでは世界三大宗教のひとつとなっている。

しかしながら、イエス・キリストの奇蹟や復活は、いったいどのようなメカニズムによってなされたのであるかについては、じつは誰もよくわかっていない。

なぜわからないかというと、現代の科学ではそれをはっきり解明することができないからである。解明できないどころか、科学的にみれば、そのようなことはあり得ないと否定されてしまっている。

科学で解明されず、そのために否定されてしまっているのであるから、なされた奇蹟や復活については、新約聖書の記述にはあれども、いわゆるフィクションであって、本当はそんなことはなかったのだと思われがちになるが、決してそうではないのだということをこれから説明していきたい。

まず言えることは、奇蹟や復活がなかったとしたら、イエスの弟子たちがイエスに対して心底からの信心を持つには決して到らなかったということである。

弟子たちのイエスに対する確固たる信心の確立は、いろいろな奇蹟を見せられたことが第一段階、そしてそのクライマックスが、最後に示された「復活」という現象であった。もしそれらが実際には聖書に記述された如くでなかったとしたら、弟子たちのイエスに対する絶対の信心の確立は全くおぼつかなかったであろう。

聖書は『旧約聖書』と『新約聖書』の二つの編からなっていて、イエス・キリストの言行についての記述は『新約聖書』と言われるものの中に収められている。そして、この新約聖書の主体をなす『マルコ伝』『マタイ伝』『ルカ伝』『ヨハネ伝』の、いわゆる四つの「福音書」において、イエス・キリストの「教え」と、数々の示された「わざ（奇蹟）」と「復活」の現象が述べられている。

だが、なされた奇蹟や復活については、それがいったいどのようなメカニズムによってなされたかについては、詳しく分析されているわけではない。

このためもあって、イエス・キリスト自身のことについては、こういった普通では考えられないことを成し遂げたのだから、この人は「神」であった、また「神に近い人」で、地上に住んでいる人たちとはレベルが違っており、我々には到底そこまで達することができない、と、こんにちに到るまで思われている。

この「イエス・キリストは神である」という命題については、初期の頃からすでにキリスト教を奉じる人たちの間で論じられ、のちにキリスト教徒の教会ができ上がってからも、教皇なり法王なりの権威のもとで真剣に討議され、たびたび論争の的となっていた。その結果、イエス・キリストはまさに神であると考える派に対して、いや、イエスといえども人間であったと主張する人たちによって分裂が起こり、以後のキリスト教のさまざまな理由での分裂の契機となっていった。

こんにちにおいても、この問題については、明確な回答（定義）はなされていない。

このような状況のため、キリスト教を奉じる人たちの多くは、一般的に、彼の奇蹟や復活については特に厳密に詮索しなくともよいではないか、そもそもキリスト教の本質は、イエスの説いた「教え（愛）」にあるのだから、これを理解し実践していくことが重要なのだ、と説くことになる。

そうなると、聖書の記述全体に、いろいろな誇張やフィクションの部分があったとしても、それはそれでよいのではないだろうかという曖昧な結論に落ち着いてしまう。

一方において、近代科学の発達とその知識、そしてその判断に絶対的な信を置く人たちは、聖書に記述されているあのような奇蹟、そして復活などというものは、実際に起こるわけがないと決めつける。起こせるとしたら、それは神のわざということだが、神が本当に存在するかとなると、それは近代科学の知識をもってしてもわからない。

ということで、この問題にはいまだに解答が与えられないままなのである。

◎高橋信次の出現で真実が明かされた

私は、高橋信次の著書に現われるイエス・キリストや彼の分身（ファン・シン・ファイ・シンフォー）のこと、さらに新約聖書を読んで、明確な答えを述べることができる。それは、「イエス・キリストは私たちと同じ人間である」ということである。

そもそも、新約聖書の中でも、「人の子イエス」と何回も記述されている。それなのに、なぜイエス・キリストは「神である」と語られているか。それは、示現されたことが当時の人たち、そしてこんにちまでの人たちにとっても、あまりにも普通の現象を超えるものであったからである。

しかし今、高橋信次の地上への出現によって、わからなかった現象の謎はことごとく解かれることになった。

次に、奇蹟と復活のことだが、これも当然、聖書の記述通りになされた事実であると断定できる。なぜ断定できるかというと、もしこれらの奇蹟や復活がなされていなかったなら、これらのことを記述した福音書はでたらめなことを書いたということになってしまうからだ。でたらめなことを記したとしたら、いつか真相が出てきて、聖書の信用は失墜する。

福音書の最初のものとされる『マルコ伝』が、イエス・キリストが天に昇って40年ほど経ってからできたとしても、まだその時にはイエスを直接・間接によく知っている人は多くいたことであろう。そういう状況にあって、実際には起こらなかったことを記述したのでは全く通用しないことになってしまう。それゆえ、福音書の記述においては、たとえ細部において幾分の正確さを欠いたり、また誇張というものがあったとしても、基本となる諸現象については、当然イエス・キリストがなしたということは疑いのないものだと考えるのが妥当となる。

このように、イエス・キリストの奇蹟の数々と復活については、当時において、これらを実地に見た人たちはもちろん、見ていなくてもそのことを聞かされた人たちにとっても、それは驚愕以外の何物でもなかったろうし、そんなことができたというのなら、それは「神」であるに違いないという見方が出てくるのも当然である。

しかし一方で、いや、イエスは神性を備えていたとしても、人間であった。イエスは、大工のヨセフを父として、母マリアのもとで生まれ、以後、ナザレの地にずっと住んでいたではないか。神ならそんな過程を経ず、ある時、天から降りてきて、再びすっと天に昇っていくのが筋ではないか、という見方もまっとうと言える。このことでキリスト教徒は分裂してしまったことは、既述の通りである。

そしてこんにち、科学知識に傾倒している現代人たちは、このような奇蹟や復活が起こったことをまともにとることをしない。これも、ある程度は止むを得ないことだろう。

しかし、地球全体の状況がここまで差し迫っているこんにち、科学の知識がまだ及んでいない分野、すなわち「あの世」と「この世」の存在としくみについて、多くの人が知ることが必須となってきているのである。

◎今こそ知らねばならない「あの世」と「この世」の存在

地球はこんにち、疫病に侵され、温暖化は著しく、各地で洪水や山火事によって人々は大災難を受けている。さらに、人間の果てしない欲望がぶつかり合って戦闘が拡大している。

こうした状況をどうしたら切り抜けられるのか。それは、地球人類全体の人々の知恵と行動にかかっているのは言うまでもないだろう。

そのためにはまず、基本、そして根本となる事実「あの世」と「この世」の存在について知り、あの世とこの世は不離一体としてあること、そして、いわゆる文明の発展とともに、あの世の「地獄界」と「心正しい光の世界」との角逐が始まり、それが激化して、今まさに究極の時代を迎えているのだということを認識しなければならない。

通常、あの世の次元とこの世の次元は異なっているため、地上の人たちはあの世を感得することはできない。しかし、あの世とこの世は厳然と存在して、それは不即不離（つかず離れず）の関係にある。この世のことは、次元の高いあの世からはすべて見通すことができる。それゆえ、地上一般の私たちには見えもしないし感じもしないが、あの世からはいつも、絶えずさまざまな交信、そして働きかけがなされているのである。そして、地球上の人類の総体的な進化を阻害するような事態が起こり、ここはどうあってもこうするのが必要であると判断された時は、次元を超えて大きな規模の働きかけがなされるということになるのである。

そして、あの世には光の世界だけの存在だけではなく、暗い世界の「地獄界」が地上の人たちを巻き込んで関わってくる。そのため、ことはまことに複雑なものとなる。もとより光の世界（菩薩界、如来界）の人たちは、地獄界の人たちが、正しい心に触れて目覚めて、光の世界に戻ってくることを望んでいる。それは、地獄の世界が消滅すれば、地上の世界に平和と安穏が訪れるからである。

しかし、地獄の住民たちが自発的に正しい心を取り戻すことは難しい。悪の組織ががっちり固まって、簡単に抜け出せることをさせないからである。彼らは、地上に住む人々に負の想念（欲望、猜疑心、不安）を湧き立たせるように命じられている。それゆえ、まずは地上の人たちが負の想念に巻き込まれてしまわないことが肝要となるのである。

◉イエスは一般人と何が違っていたのか

ではここで、イエスの誕生から少し詳しく見ていくことにしよう。

イエスのこの地上への誕生は、私たち一般と変わらず、父母の縁をもって、母親の胎内から生まれ出た。

年代が遅く編纂された福音書では、イエスの神性をいやが上にも高めるため、マリアの処女懐妊の物語を載せているが、そうなると、さらに極端な推理が出てきてしまう。それは、イエスはもしかして私生児として生まれていたかもしれないということである。それではあまりにも神性を欠くということで、母親マリアには神の子が宿ったことにした、と主張する研究者も現われる。まあ、それだけイエス・キリストのことを神から授かった子として扱いたかったのであろう。

いずれにしても、イエスは私たち人間の一同胞として母親マリアの胎内から生まれ出て、その肉体を成長させていった。そして、少年時代、青年時代を過ごし、やがて30才頃から人間としての正しい心のあり方を説き、さらに超能力が身について、いろいろな奇蹟を示し、人々を感化していった。

のちに33才で（正確な年令についての確証はないのだが）、イエスをよしとしないユダヤ教の祭司長、律法学者、そして現体制の支持者である長老たち、さらにこれらの人たちに煽られ、頭に血の昇った無知な民衆からなる反動勢力によって捕えられ、非難され、ついに十字架の刑を執行されて、その肉体生命は終わったのだった。

ゆえに、この過程における一生は、普通一般人と同じく、人間としての生涯があったということであり、持っていた肉体のメカニズムも同じあったと言える。

では、いったいどこが普通一般人と違っていたのか。それは、人間として積み重ねた「心（魂）」の大きさが格段に違っていたことである。つまり、これまで述べてきたように、仏教の言葉でイエス・キリストという人を説明するとしたら、「如来界」の中でも最上段階の人ということになる。

◎福音書が編まれていった過程

新約聖書の主体となる福音書は、イエス・キリストが天に昇ったあと、しばらく年月が経過してからなされた。

まず、イエス・キリストの直弟子であるペテロが各地を伝導していた時に、彼の話す内容を異教徒の国の人々に通訳をしていたと言われるマルコがまとめた福音書、これが『マルコ伝』と呼ばれるもので、それは紀元60年から70年の頃、イエスがこの世から去って30年か40年ほど経ってからと言われている。

その頃、キリスト教はローマを中心に布教されるも、大いなる迫害を受け、ペテロやパウロといったイエスの後継者たちが殉教し、支柱を失いつつあった。そのためもあり、イエスの事蹟を教えていくには、今ここで書に記しておかねばならぬという必要性が起こり、急拠、マルコによって作成されたのである。そしてこのあと、『マタイ伝』『ルカ伝』『ヨハネ伝』という福音書も編まれることになった。

ちなみに、この四つの福音書の順序の覚え方は、「魔どこ（マルコ）まだいるか（マタイ・ルカ）余はね（ヨハネ）キリストなるぞ」となる。

イエス・キリストという人物が、これこれこのような奇蹟的な現象をこの地上において示していったのだ、これは嘘でもなんでもない事実である、このこと、つまりイエス・キリストが話したことや行なっていった事実を多くの人々に知って欲しい、そんな純粋な気持ちをもって福音書は書かれたのである。

やがて年代が経ていくにつれて、イエス・キリストの神性化を一層際立たせようという気持ちも出てくる。そのため、福音書も後から出てくるにつれて少しずつ誇張が大きくなったり推測が強かったりする傾向があるが、基本的な事象については、これは何回もくり返すが、フィクションということでは絶対にないのである。

真実の土台を踏みはずして記述されたとしたら、それは必ずいつかは崩れてしまう。

そのようなことは、イエスを師と仰ぐ人たちはハナからするはずはないのである。ゆえに、数々の奇蹟と復活は、実際になされたのであって、問題として取り上げるべきポイントは、そのような現象はいったいどのようなメカニズムによってなされたのであるかということにある。

◎天の配剤による降誕

まず、基本的な観点として踏まえておかなければならないことがある。

それは、イエスの行動の発端というものが、自身、ユダヤ人として生まれ、ゆえにユダヤの律法をよく学び、その上で、この時代のユダヤ教ではもはや人々を正しく導き得ぬがために、そのユダヤ教を改革しようとして立ち上った、これがために、頑迷にユダヤ教を奉じる原理主義的なパリサイ派を中心とする律法学者たち、形式的な祭祀を司るサドカイ派の祭司長たち、そして現体制を固持したいヘロデ党の長老たちの反感を招き、その結果として十字架刑に処せられたのだという表面的な見方だけでは、ことの本質をとらえていることにはならない。ここは、異なる次元を背景とした筋書きが進行していたことを知らねばならないのである。

もちろん、ユダヤ人たちの覚醒のためもあって、イエスはこの時代のこの地（今のイスラエルのナザレという地方、そして両親が旅の途中のベツレヘムという地で誕生）で生まれ育ったのであるが、そこは当時、全地球的な視点からしても最も重要な国であるローマの属領という地でもあった。そして、ローマを中心に人類が大きく伸長していくその初期段階に、イエスの説いた正しい教えを、まずはこのローマの中に浸透させ、そこから、この国の発展に伴って、布教が闘争と絡み合いながらも急速に広がっていくという、大きな規模の計画と展開、そのための働きかけがあった。つまり、天の配剤があったということを知るべきなのである。

そして、イエス・キリストのみならず、直接弟子となる人たち、さらにまた、パウロといった人が、縁あるグループの一団としてこの時期に地上へ降り立ってきたのは、こうした天の配剤に他ならない。しかし、地上に降り立った当人たちは、そのようなシナリオがあることはイエス以外には知る由もなく、地上にて与えられた状況の道を歩むのであった。

イエス・キリストの行動は、イエスが30才になった頃から突然的に際立ったものを見せるようになった。それまで潜在化していた過去世の「知の蔵」の扉が開き、預言者ヨハネとの邂逅と共に自身の使命に目覚め、邁進していくことになった。

イエス・キリストは、その過去世において、魂を高度に磨き、天上界の最上段階に位置し、大指導霊として存在していた。しかしながら、この地上に生まれてきて、30才くらいまでは目立った行動はしていなかったようである。

ちなみに、イエス・キリストの魂の前世は、今から7千年くらい前のエジプトの地で法を説いた「アモン」という人であったと高橋信次は述べている。この名がその後「アーメン」と言われるようになり、現在のキリスト教の祈りの語として使われている。

このアーメン（amen）は、こんにちのス語・ポ語ではamar アマール（「愛する」の意味の動詞）の三人称複数形としてあり、「（お互いに）愛しましょう」という意味になる。

◎洗礼で水をかける意味

話は戻って――。

聖書の福音書の一つ『ルカ伝』は、イエスの小さい時にその才能が発揮された顕著なケースを挙げている。イエスの神性は幼い頃からあった、というのを伝えたいとの思いからである。

それは、12才になった時の「過越し」の祭りの時のエピソードで、両親と一緒にエルサレムを訪れて、祭りが終わり、親たちはてっきり道連れの中に一緒にいて、イエスも帰路についていると思っていたら、一緒にはいなかった。これに気づいて心配した親たちがエルサレムに戻ったところ、イエスが宮の中でユダヤ教師たちの真ん中に座って、彼らの話を聞いたり、質問したりしていて、その賢さに、とり囲んでいた人たちが、これは普通の子供の能力を遙かに超えていると驚いたという。

その他、一、二の驚異的な事象も述べられているが、それらは後年の数々の奇蹟の大事象に比べれば大したものではない。

成長してからは、必然的ともいえる預言者ヨハネとの出会いによってヨルダン河で洗礼を受け、そこでイエスの開眼は完全となった。そして、ヨハネの洗礼を受けたあと、荒野にて40日間の断食を実行、その間、執拗なあの世の悪霊、魔王たちの攻撃、誘惑に打ち勝って、盤石の心になった。

預言者としてすでに有名であったヨハネは、イエスが自分の前に現われたことで、この人物がかねて自分が予言していた「私よりも力のある方が後からおいでになる」、その人物であることをすぐ認識した。そのため、「私こそあなたからバプテスマ（洗礼）を受けるべき」と、イエスの洗礼の申し込みを思いとどまらそうとした。イエスは、確かにヨハネよりも魂の大きな人であったが、先輩（年長）のヨハネの前では、あくまで謙虚な心で貫くことが当然の礼であり、ヨハネから洗礼を受けたのであった。

人間社会が増長した心によって君臨されたため、ついには地球は大洪水となって思い知らされた。そのような顛末を忘れないために水をかけ、心を洗わせる。このことがこんにち、キリスト教の伝統儀式となって、教会では牧師が赤子の顔に水をかける。

そしてこれは同時に、この地上に生まれてまもない赤子に邪霊がつかない予防策でもある。邪霊や悪霊たちは、かつて起こった地上の大洪水によって地上から一掃された。それゆえ、水をかけられるとその恐怖の思いが蘇って逃げ去っていくのである。

しかし、ヨハネは言った。

「自分は水をもって洗礼を施すが、自分のあとから来る人（キリストのこと）は、聖霊をもって洗礼を授ける力のある方である」

「聖霊で洗礼を施す」ということは、憑いている邪霊、悪霊を見ること、そして彼らと話すことができ、諭《さと》して（憑いていることの間違いを言い聞かせて）去らせることができるということである。

◎イエスが病人を癒したメカニズム

こうして、イエスはヨハネによる洗礼ののち、心の窓を開く道へと進んでいった。

しかし一方、あの世の魔王、大魔王にとっては、イエスに心の窓を開かれることはまことに困るのである。これは、釈迦の悟りの前に現われた大魔王パピアス・マラーのケースと同じで、「心の窓が開かれる」となると、天界の光の世界（如来、菩薩界）と直接接触できることになり、その世界から必要な協力がどんどんなされることになる。そのため、魔王、大魔王の支配する地獄界は消滅の危機に瀕することになるからだ。

邪霊、悪霊、そして魔王、大魔王たちを寄せつけない心に到達したイエスは、その身体から光を発しはじめる。そして心眼によって、一般の人たちでは到底見えない地獄界の者たちを見て話すことができるようになった。

現代においてもそうであるが、古代においても、一般の多くの人たちには邪霊、悪霊がとり憑いている。さらにまた、さまざまな動物霊や虫の霊が身体に付着している。

そういう霊たちは、自らが死んだことを自覚できずに、地上での生活が唯一生きていくための場所と思って、地上に生きている人たちに憑いているのである。とり憑かれたり付着されても、よほど神経が鋭く細やかな人でない限り、何も感じず支障なく生活していることもあるが、それでも日を追って支障も出てくる。「憂うつ」な気持ちになったり、身体のあちこちが突然痛み出したり、いろいろな不都合が起きてくるのである。

イエスは、病気の人を見ると、その人に付着している迷った霊を見る。それらは、自分たちが行くべき本当の世界であるあの世の存在がわからず、死んでいるにもかかわらずこの地上に執着している霊たちである。また、彼らの中には、死んだあと、地獄界に引きずり込まれ、そこの住者となって、魔王、大魔王の手下にさせられ、その命令のもと、この地上の人たちの心に食らいつき、地獄界に引きずりこませようとするものもいる。

イエスは、そのものたちに対して、人体に付着（憑依）していることの間違いを言い聞かせる。霊として行くべきところがあることを諭すのである。執拗な悪霊たちには、時として激しい口調で「そこを離れなさい」と命じることになる。

これらの諭しや命令調の言葉を発すると共に、イエスの身体からは光が放たれる。この光は一般の人たちの肉眼では見えないが、霊たちにはわかる。さしもの邪霊、悪霊たちもこの光には抗えないので、憑いている人の身体から離れていくのである。

　こうしたメカニズムにより、邪霊、悪霊たちによって憑依されていた病人の身体は、この霊たちが身体より離れた瞬間、中気の人は動けるようになり、目や耳を霊たちにふさがれて不自由になっていた人たちは目が見えたり耳が聴こえるようになり、口のきけなかった人はしゃべれるようになったのである。

　さらに、ある人は萎えていた足がよくなり、歩けるようになったが、極めつきのケースでは、息をしなくなって死の状態にあった人も心臓が再び動きはじめ、死から蘇ったのである。ラザロという若者や、会堂司の一人であるヤイロという人の娘を生き返らせたケースが聖書に記述されている。

　ユダヤ教を奉じるパリサイ派やサドカイ派の人々の中には、かなり悪質の霊が憑いている。この人たちについている悪霊たちは、憑かれた人の耳元で囁くのである。

「イエスは悪霊の頭《かしら》であるベルゼブルを使って、人々に憑いている悪霊たちに離れていくように命じている。だから、イエスの行為は悪霊の頭と組んでのしわざなのだ」

　そう耳元で聞かされたパリサイ人たちは、民衆にそのように言いふらして、イエスの正義、真理の行動を防害し始めた。

しかし、それ以前、ある人に憑いていた汚れた霊は叫んで言った。

「ああ、ナザレのイエス、こっちに来ないでくれ！　お前の正体はわかっている。神の御使いだ！」

そう言って恐れおののきながらも、イエスの正体を知っている霊は、憑いていた身体から出ていった。

◎「反重力」「無重力」を自然界で発生させるメカニズム

こんにちの科学でも、「反重力」「無重力」を自然界で発生させるメカニズムについては研究されているはずだが、一般に公開された知識となっていない。しかし、イエス・キリストはこれを現出させることができたと考えねばならない。それは、イエスが海の上、すなわち水の上を歩いて渡った話が記述されているからである。

大規模な反重力発生の例は、旧約聖書の「出エジプト記」にも述べられている。モーゼが紅海の水を分け、海を陸地にしたケースである。

また、これは高橋信次の著書の中に書かれていることだが、「人類はかつて空を飛ぶことができた」という記述がある。

超古代の時代には、人間は「神人」と呼ばれていたともいう。つまり、空を飛べる人が地上にいたくらいなら、イエスが水の上を歩けたというのも不思議ではないことになる。

ただし近年、深刻な社会問題を起こした新興宗教の教祖のように、全身の筋力を駆使して少し空中に浮き上った現象をもって、無重力なり反重力なりを現出したのだと主張しても、それは正しい解釈ではないと言える。

この行為は、肉体の極限による荒行や修行では本当の悟りには絶対到達できないことと同じで、「無重力（反重力）」の現象は、力の限りを尽くして無理にでも起こさせようとしてできるものではなく、心の作用によって無理なくなされるべきものであるからである。

かつて、日本の柔道界に三船久蔵という人がいたが、身体の小さいこの柔道家の得意技は「空気投げ」と言われ、大男すら空中に放り投げるというものであった。そしてまた「合気道」というものも日本古来からあって、この道の達人となると、直接相手の身体に触れずとも、相手を遠くに投げとばすことができる。

自分自身のことになるが、高校時代、遊びで相撲をとった時のことである。

私より体格が数段優った相手は、私を見て、こんな小さな体格のものなど鎧袖一触と言わんばかりに向かってきた。私は少し押されたが、それでもズボンのベルトが掴めたので、よしと持ち上げたら相手の体重が妙に軽くてそのまま吊り出したことを鮮明に記憶している。実際には重くて簡単には持ち上がらないはずの相手が、なぜあんなに軽かったのだろうとずっと考えたものであった。

これはきっと、相手の心に生じた「人を甘くみる（スポーツのような競技において）」「人をさげすむ（一般的な事象において）」といった心に対して、こちらが真っ向から勇気をもって対抗した時に、その場において発生するメカニズムではないかと思うのである。

そういうことで、福音書に記述されているイエスの海上歩行から考えられることは、イエスは必要とあらば無重力状態を発生させ、作動させられたということである。

こんにちでは、人々の心（魂）が劣化したことによってこのことが全くわからなくなってしまったのだが、かつての人類の持っていた魂の能力の偉大さについては、これをよく再認識することが必要であり、そして正しい心の実践においては、普通では考えられないような現象も生み出されるのだということも知っておかねばならない。

その魂の力は、こんにち的な言葉を使えば「念力」ということにもなるわけであるが、この念力をしばしば自己の利益のために使う人が多い。これは邪念であって、正しい念の使い方ではない。正しい念の力を用いれば、こんにちの人々にとってもまたキリスト時代の人々にとってもそうであったが、まさに奇蹟としか思えないような「わざ」が示されることになるのである。そして、その際には、天界の上段階の人たちから必要な協力が得られ、イエスの場合のような奇蹟がなされるということになるのである。

◎無から有を生む

この日、時間も遅くなってイエスの説教を聞くために集まってきた人たちがお腹を空かしているだろうと、イエスは弟子たちに「食物はあるか」と聞かれた。弟子たちが「パン5個と魚が2匹あるだけです」と答えたところ、それを手にしたイエスは、あれよあれよという間に、パンや魚を増やしてみせた。そして、その量は5000人もの男性（女の人や子供を含めず）の空腹を満たし、また別の機会では4000人もの人たちの空腹を満たした。

これが現代なら、どこかに「タネ」があって、手品の芸として、お金やハトがどんどん飛び出してくるのを見るが、当然、イエスは今ふうの手品を使ったわけではない。「タネ」がないなら、こんなことは不可能であると誰もが思うのは当然だが、実際にイエスはそういう現象を現出させたのである。それゆえ、このことはずっと言い伝えられ、忘れられないようにと福音書にも記述されているのである。

少しまた横道にそれるが、こんにち手品師（奇術師）が「タネ」を使ってさまざまな技を見せて、見ている一般の人たちを驚嘆させる。それらの技は、たとえば空《から》の箱からハトやお金やその他いろいろな物を出したり、口から火を噴いたり、横たわった人を浮き上がらせたり、その他さまざまである。

高橋信次が霊視をしてみると、手品師の後ろには「天狗界」の霊たちが手伝っているのが見えるそうである。ちなみに、「天狗界」とは、あの世に存在して、普通の人たちではできないことを示して、「どうだ、自分にはこういうことができるのだ」と鼻を高くする人たちの世界のことである。

そういえば、少し前の雑誌の記事に、奇術界で有名な二代目引田天功さん（女性で、今や世界に誇るイリュージョニスト「プリンセス天功」と呼ばれる）が、先代の師匠の初代引田天功氏（男性）から「死んでくれないか」と言われ、さすがに「いや、それはできません！」と断ったという話があった。この先代師匠の申し出の心の中には、「自分の卓越した技を駆使すれば、イエス・キリストが行なった奇蹟を再現できる」との思いがあったのかもしれない。

さて、この何もないところから物を出す現象に関連して、高橋信次のことを少し述べたい。

それは、高橋信次をよく知る園頭広周氏の本に書かれていることで、この本の中で、高橋信次は「T氏」となっている。

――T氏のところに、ある実業家が訪ねてきて、採掘権を得ようと思っているインドネシアの金鉱のことに関して、その鉱脈の質について尋ねられた時のことである。T氏は、両の手のひらを合わせて、しばらくの間、頭上にかかげたのち、そのインドネシア鉱山の鉱脈から産する鉱石を自分の手のひらの中に現出させ、その品質を実業家に教えてあげた。

これは、現代の話である。当然のことながら、T氏はそのインドネシアの鉱山に行ったこともないし、実業家からあらかじめ鉱石を受け取っていたわけでもない。それゆえ、この行為は無から有を生み出した現象といえる。そのような能力をT氏は示したのである。

――このように、現代においても鉱石を現出させた人（当然、めったにそういう人は世の中に出てこない）がいるわけであるから、イエスがパンや魚を自在に生み出したことも、それは全く奇蹟のわざであるけれども、不可能なことではないのだな、と考えられるのである。

当然、こんにちの誰もが簡単には信じられるものではないし、イエスのこのわざを実際に目にした人たちも、この現象は初めて目にしたのだろうから驚き以外の何物でもなかったろうが、現実にその目で見ているのだから、そのことは福音書に記述されねばならなかったのである。

◎イエスの真の目的は「神の国」を教えること

このように、さまざまな奇蹟を起こし、「神の国の来たりなむ」ことを民衆に説いていくイエスの行動に対して、古くからのユダヤ教を奉じる祭司長、律法学者たち、そして長老たちは、次第に反感を、そして激しい敵意を抱くようになった。

こんな凄い人間が出てきて、このまま勝手に行動され、人々が教化されていったら、当然、それは自分たちの立場を危うくさせるのではないか。今のうちにイエスを葬り去らねばならぬと思惑をめぐらすのであった。

もちろん、イエスのほうは、相手側がどのように思っているかについては承知している。だがそれでも、救世主としてこの時代に生まれ出てきたことが自分の使命であることを理解しているイエスは、すでに計画された道を歩まねばならない。

ペテロを筆頭に、イエスの弟子たちは、当然、イエスが壮健に生き続け、現在のユダヤ民族のおかれている惨めな境遇、それはローマに隷属し、ユダヤの集団の上にローマから派遣された総督がいるかたちであるが、それはかつてのダビデ王、そしてソロモン王の栄華な時代からすると全く落ちぶれた状態であり、これを立て直し、地上に神に祝福された豊かな国を建設してくれるものと期待している。そしてその時、弟子たちはそれぞれ重きをなす役割を担える立場になれると思っていたことであろう。

だがしかし、そういう方向でイエスはことを進めていたのではなかった。それに、もしそのようなこと、つまり強大な国を建設し、栄華を誇ったとしても、それはやはり一時のかたちにしか過ぎないし、繁栄の姿を見せて人々にそれを享受させたところで、人類の真の進化という意味においては、何らの効果もないことを知っていたのである。

この世における繁栄や肉体の長寿といっても、それはこの世限りのものであり、それを多くの人々に与えたとしても、人々の心はやがて執着、驕り、傲慢、そして無慈悲の心ばかりを増殖させるだけである。

正しい人間の心の「印」としてピラミッドが建てられた時期から、すでに数千年も経っており、この地球上は、人生はこの世限りと思って欲望をつのらせ、結果、真理に触れないままでこの世の生命を終えた魂たち、そしてまた、あの世があることを知らされていても、この世の権勢をそのまま持ってあの世へ行けると思っていた多数の権力者たちの魂が形成する世界、いわゆる「地獄界」の暗い想念によって覆われている。ことここに到って、なぜイエスが栄華をこの世に現出させる必要があるのか。

自分は、これまで多くの人々を驚かせ、不思議な奇蹟を見せつけて数々の現象を示した。それでも、これだけのことだけでは人々を、そして弟子たちさえも心底から本当に納得させることはできない。これだけの奇蹟を示しておいても、自分がこの世から去ってしまったあと、何年もの年月の経過ののちでは、これらの諸現象は単なる噂として残る程度になってしまい、さらに多くの年月が経ってしまうと、その時には、それらは本当にあったのだろうかという懐疑、さらには否定という反動によって消えてしまうかもしれない。

それゆえ、より強烈な現象というものを最後に演出しなければならない。それこそ、神の国がいかなるものであるかを教えなければならない。でなければ、人々はこれからも権勢者のもとで圧制と過酷な暮らしを強いられ、それらの苦しみの中では、本当の心のしくみ（真実、真理）を知ることもできずに終わってしまう。そして支配する側は、ますますもって尊大な心をはびこらせるだけの世の中になっていく。

心のしくみがわからぬゆえに、人々は地上での生活において、苦しみ、悩み、嘆き、悲しむ。そしてその反動で、うらみや憎しみ、怒りといった激しい負の感情を蓄積したままあの世へ行くことになり、結果として地獄界を一層喜ばせ、強化していくことになってしまう。これでは、いつまで経っても地上人類の心の進化は得られないし、ひいては地球全体が健全な姿に向かっていくこともできない。

これまでにイエスは、天上界からの応援者であるモーゼやエリア（地上には紀元前9世紀にユダヤの大予言者として現われた）と、最後に到るまでの計画について入念に打ち合わせをしている。その打ち合わせのために山（ヘルモン山）へ登っていった時、一緒に連れていかれた弟子のペテロ、ヤコブ、ヨハネは、モーゼやエリアの姿を見ている。そして、そのような場面におけるイエスの表情は変わって、身体全体は太陽のように輝き、衣服は光のように白く変色していたと福音書には記述されている。

◎悪霊たちの策略

一方、あの世の陰湿な想念世界（地獄界）に住する魔王、大魔王たちは、すでにイエスが救世主としての使命を自覚し、活動を始めた時からその成り行きを注視しており、あれこれ手を使ってイエスの活動に防害を与えようとしていた。たとえば、悪霊たちがユダヤ教のパリサイ派らの人々の心に忍び込み、何かにつけてイエスを批判したり行動の防害を企てていったのである。

そして、イエスの一行がいよいよエルサレムに入って最後の総仕上げの舞台をセットしたと知ると、ついには露骨な防害を試みるのであった。

悪霊界の目的は、畢竟《ひっきょう》、このイエスの人格、神性を貶《おとし》めることにある。

それがために、福音書に述べられているイエスの行為に、イエスらしからぬところが何か所か出てくる。弟子たちをはじめ、イエスを見る一般の人たちにはそのメカニズムがわからない。イエスもいちいちそれを説明したり解説したりしない。すれば余計弟子たちはわからなくなり、混乱してしまうからである。そのような心と空間（場）の展開が存在していたのである。

イエスたちがエルサレムに上って宮に入ると、いわゆる悪霊によるポルターガイストの作用で、イエスが境内にある両替屋の台や鳩のえさを売る者の腰掛けをひっくり返したり、さらにイエスらしからぬ感情的な言葉を発したりして、弟子たちや境内にいる人たちに、神性イエスにあるまじき姿を見せて唖然《あぜん》とさせた。

結果的には、この行為が後に訴えられる理由にもなったわけであるから、イエスが故意にそういう手荒なことをしたと解釈できなくもないが、いずれにしても、イエスには相手の出方はすべて計算済みである。

それからのち、弟子たちとのいわゆる「最後の晩餐」を済ませ、イエスはゲッセマネという園にまで来て、最終的な打ち合わせをモーゼとエリアと行なう。お供をしてこの場のイエスの姿を見ているペテロら弟子たちの目には、この時はなぜかモーゼやエリアの姿は見えず、ただイエスが熱心に最後の祈りをささげている様子が映っただけであった。

その様子の描写として、福音書には、イエスは「恐れおののき、悩み、悲しみの極にあった」と記述されている。

しかし、ここにははっきりとした大きな矛盾がある。

福音書のこの箇所の解説に関して、戦前からイエス研究者として特に有名な矢内原忠雄氏（高橋信次によると、この人はペテロの生まれ代わりであるという。昭和26年より6年間、東京大学の総長を務めている）は、どうこの箇所を適切に解説すべきか、最も困難を要するところである、とその著書『イエス伝』で述べている。

それは、普通に考えれば明らかに矛盾があるから、それを適切に解説することが矢内原氏をしても難しいと言わしめたのである。

イエスは、弟子たちに向けてすでに、自分はまもなくエルサレムに上りユダヤの祭司長、学者、長老らによって逮捕され、処刑されることを予言している。つまり、これから先に起こることを知る能力を備えている。その道こそが弟子たちを心底から信心させる唯一最善の方法であることを、モーゼやエリアと共に入念に打ち合わせ、考えぬいたあげくの方策なのである。

そういうイエスが、この時点で、恐れおののき、悲しみの極にある状況になど、どうしてなるであろうか。ましてや、できることならこの任務から解放されたいとか、そんな弱音を吐くことなど、天地がひっくり返っても絶対にあり得るはずはない。

くり返し強調するが、イエスが進むべき道のいかにあるかを知っているにもかかわらず、その最後の段階を前にして、逡巡し、悩み、そのあげくに、この苦しみから救ってくれるようにと神に祈ることなどということは「絶対に、あ・り・え・る・は・

ず・が・な・い！」。

にもかかわらず、福音書の記述は、そのあり得ないイエスの姿を描いている。

この福音書の記述から、私たちは次の二つの重要なポイントを掴み取り、認識しなければならない。

一つは、簡単にわかることだが、もう一つは、いわば人類の心の鈍化のために気がつかなくなってしまったポイントである。

まず簡単にわかることは、イエスが、恐れ、苦しみ、悲しみの極に到り、「できたらこの任務から外して欲しい」と言ったのは、弟子たちには実際そのように見えて、そして祈る言葉を聞いたからである。見て、聞いているのであるから、弟子たちはそれを語ることになり、それがそのまま福音書に記述されたわけである。このことから逆説的に言えるのは、福音書の記述は信頼できるものだということである。

もう一つのポイントは、この状況には「魔界」のわざがからんでいるのだということである。魔界、すなわち「魔王、大魔王」の「地獄界」は、人々を惑わす「幻覚、幻視、幻想」のわざを使うのである。

実際のイエスは、悠揚迫らぬ態度で、あの世からのイエスの協力者たちと綿密に打ち合せた通りの計画を確認していた。

「やはりこの道しかいないだろうな。変更はないな。ところで、サタン（魔王）側の動きはどうなっているか」

「彼らは、あなたの態度や言動が弟子たちに弱気の姿として見えるように幻惑している。また、ユダに取り憑いて心を揺さぶって、あなたを裏切るように仕向けている」

「そのことはわかっている。ところで、復活の手はずには万全を期してくれ」

「大丈夫だ。まかしてくれ」

釈迦の悟りの前に、魔王たちが釈迦の妻であるヤショダラの姿をして現われたり、そのあと大魔王じきじき釈迦の眼前に現われ対決を挑んだが、そのように、いつの時代も魔界側はいろいろな策略をめぐらし、干渉と防害によって、周辺に混乱を生じさせてきた。そして、弟子たちにはそのメカニズムがわからないので、眼前に現われる現象、それは幻覚、幻視、幻聴なのだが、それにとらわれてしまうのである。さらにまた、これも魔界のわざの常套手段であるが、眠気を起こさせられてしまうのである。

このような状況が生じることで、確固たるイエスの気持ちと行動とは裏腹に、イエスを見る弟子たちにはイエスの弱気として見え聞こえたのである。

このように、弟子たちが陥れられた幻惑のメカニズムに、あえて大袈裟な表現を用いるならば、こんにちまでの約2000年間、地上の人類は気づくことなく惑わされ続けてきたとも言える。

弟子たちに向かって、自分の身にこれから起きること、すなわち祭司長、律法学者や長老たちの手によって身柄を拘束され、裁判にかけられ、死刑を宣告されたのち、異邦人（ローマの執行官たち）の手によって殺されること、だが、3日ののちに蘇るであろうということを、イエスはすでに語っている。

そのように、あらかじめ自分の運命を知っているイエス、しかもそれまでに人々に多くの奇蹟を示し得た驚異の人物、その人が何故に、最後のステップが近づくにつれて恐れたり悩んだり悲しんだりすることになるのか。そんなことは決してあるはずがないのだ。

それゆえ、ここでまたアインシュタインの相対性の原理を、心のしくみに当てはめてみる必要もあるということになる。

実際のイエスは、増々光のレベルを上げていく。そうすると、その姿、そして行動は、地上の心のレベルである一般の人々（この場合、弟子たち）にとっては、反対の姿、形として見えることになる。このことは、前々章で論じた「般若の面」に通じる現象である。

◯イエスが敢えて臨んだ道

一番弟子のペテロは、イエスがまもなく逮捕されるとの話をイエスから聞いて不安な気持ちに襲われていた。

イエスが逮捕されたら、自分たちはどうなってしまうのであろう。それを考えると恐ろしい。このペテロの気持ちは、当然イエスに見透かされていた。

イエスは、ペテロに向って、「あなたは、今夜、鶏が二度鳴く前に、三たび私を否定することになる」と予告された。

それに対して、「いや、そんなことは決してありません。私はあくまであなたを信じてついていきます」とペテロは答えた。

その晩、イエスはユダの密告によって逮捕され、大祭司の館《やかた》に連れていかれた。他の弟子たちはイエスを見捨てて逃げていったが、ペテロは連行されていくイエスの遠くあとからついていって、大祭司の館の中庭で成り行きを見守っていた。

この時、館の女中の一人がペテロを見て、「あなたはイエスと一緒にいた人ではないか」と疑った。ペテロは即座にそれを否定して、居場所を移そうとした。しかし、くだんの女中は執拗に追ってきて、「やはりあなたはあの人と一緒にいた人だ」と同じように疑った。

それに対しても否定したペテロに向かって、今度はそこにいた下役たちが、「いや、確かにあなたはイエスと一緒にいた人だ」と同調した。これに対してもペテロは、「(イエスのことは)何も知らない！」と、結局、三度嘘をつくことになってしまったのである。そして、三度目の嘘をついたその時、鶏が鳴いた。そういえば、少し前にも鶏が鳴いたことにはっと気がついた。

この二度目の鶏が鳴く前に「自分は三度、師イエス様を否定してしまったのだ」。

でも、このことをなぜイエス様は知っていたのであろうか。ペテロは、イエスの言葉を思い返して泣きつづけるのであった。

このペテロの言動に見られるように、人間の信心はまことにおぼつかない。

「ようし、もうアルコールは絶対に飲まない」「もう煙草も吸わない」「明日からは必ず早起きをするぞ」と、このように誓ってみたところで、すぐその誓いは破られる。誓いや約束を破らなくするためには、それを破ったら本当にもう自分の身はもたないのだという最後の最後、いわゆる極限にまで行かないと駄目なのである。絶対の改心や信心というものは、最後の段階にまで行かないと確立されるものではない。

このことを弟子たちに覚らせるために、イエスは十字架にかかって死に、そして復活したのである。

この「復活」なかりせば、あれほど一緒に行動して、神の国のいかなるものかを説明していても、弟子たちの心は本当にそれを信じられる段階になっていかなかったであろう。

◎究極の奇蹟を見た弟子たちの思い

イエスが逮捕されると、皆おのおの自分たちの身の危険を恐れて逃げ去ってしまった。一人、ペテロのみがイエスの連行のうしろから一行にまぎれてついていったが、自分の身が明かされそうになったら慌て恐れて「自分はイエスという人などと全く関係がない」と心の弱さを見せてしまうのであった。

イエスがさまざまな奇蹟を成し得たのは、この世と連帯したあの世があり、そのあの世との一体のメカニズムのもとに、必要な協力を得て地上における驚異の現象を引き起こすことができたからである。

盲目の人を、即座に目が見えるようにした。これは、顔に張り付いていたあの世の動物なり虫などの霊を取り除くことによって治した。

何年間も歩けなかった人を、即座に歩けるようにもした。また、ライ病患者も治したり、中気で床についていた人もイエスの前に運ばれて、イエスが「あなたの罪は赦された」と告げた途端、起き上がって家に帰っていった。

これらの病人たちには、肉体が死んでいるのにいまだにあの世に行けずこの世に執着している人の霊や、ヘビやキツネ等の動物霊が憑いていたので、そのものたちに諭しの言葉と光を与え、しつこい霊には強い調子をもって病人たちから切り離した。

高橋信次も、同じようにいろいろな病気や痛みを持った人たちを治し、救っている。その救いのメカニズムは、これまでに述べた通りであり、諭された霊たちは、あの世の協力霊（守護霊や指導霊そしてその関係霊）によって行くべき場所へ連れていってもらうのだと説明されている。

また、すでに記したように、イエスはわずかな量のパンや魚を、数千人の人たちの空腹を満たすに必要なまでに増やしてみせた。海上（水の上）を歩いて渡ることもしてみせた。さらには、水を良質のブドウ酒に変えることもしてみせた。

弟子たちにも、病人のところへ行かせ自分の言葉通りにしなさいと言い、弟子たちがそのようにすると、あら不思議、病人は治ってしまう、そのような力を授けたりもした。

それだけの奇蹟を示したのだが、もしイエスの「復活」という強烈なインパクトを受けなかったとしたら、弟子たちは、年月が経つにつれて、あの時見たり聞いたり、試されたりしたことは、何だったのだろう。皆が一時のフィーバー（熱病）にかかっていたのかなあ。きっと、病気だった人たちはたまたま治る時期に来ていたのだろう。食物がどんどん出てきたのも、どこかに隠してあったのではないか。海上を歩くことができたのは、水中に石か岩があって、それらを見つけ見つけ歩いたからに違いない、などと、事実のぼかしが出てきて、奇蹟も次第に色が褪せ、やがてそれらは皆幻想であったのだという気持ちになってしまったに違いないのだ。

しかし、いったん死んだ人間が再度この地上に現われたとしたら、これこそイエスをよく知る人間をして、「ああー、このように人間は死ぬことはなく生き続けるのだ」とはっきりわかることになる。しかも、イエス様はいろいろな奇蹟もなして、約3年の間、自分たちと一緒に食べたり飲んだり、雑談したりした。自分たちと同じ人間だった。確かに日を追って神々しくなっていったけれども、親もいたし弟や妹もいた。そして、イエス様がナザレの大工のせがれであることは、その地方では誰もが知っている事実なのだ。

その人が、確かに死んだあと、また生前と同じ姿で現われるということは、人間は死なないということ、それはつまり、死んでもこの世とつながっている、あの世で生きているということだ。それこそ、イエス様の言われていた神の国であろう。その神の国があるということを、私たち（弟子たち）は民衆に教えていかなければならない。

――こうした思いが、やがてキリスト教伝道の発端となったのである。

頑固な弟子トマスは「私は、師イエス様の手に釘跡を見、わたしの指をその釘跡にさし込み、また私の手を脇に入れて、イエス様の身体に槍の突き痕を見なければ信じない」とまで言い張り、信じなかったのであったが、じきにイエスが集まっている弟子たちの前に現われ、ではそうしてみなさいということで、それをしたので、トマスも完全に信じたのであった。

◯イエスの最後の言葉はなぜ発せられたのか

復活したイエスは、たびたび弟子たちのところに現われ、一緒に生活し、約40日ののちに弟子たちの確立された信念を見届け、天に昇っていったと記されている。

このように「復活」はなされた。それはなされねばならなかったのである。

ところで、次元を越えてこの世に出てくることは、イエス・キリスト以降のこんにちまで、そのような現象の公なる記録はほとんどない。

しかし、高橋信次の著においては、すでに第一章に記述したように、自身の小さい頃を想い出して、次のような記憶があると言う。

――小さい時、歩いていると、まんじゅう形の笠をかぶった坊さんふうの人がさっと現われ、しっかり勉強しているか、とよく尋ねられた。そしてまた、わからないことがあったら、この土手のたもとで休んでいるから教わりに来なさい、としばしば声をかけられた。それから、その人はスタスタ歩いて行くと、さっと消えてしまうのであった。
――と、このような話である。のちになって、この坊さんは「不空三蔵（玄奘《げんじょう》三蔵法師）」であったことがわかったという。三蔵法師は、すでに記述したように7世紀に地上で生きた人であり、高橋信次は20世紀の中頃から後半にかけて日本に生活していた人である。

さて、話を本筋に戻すことにしよう。

逮捕連行ののち、イエスは訊問され、結局は「神殿を侮辱した咎《とが》」により有罪とされたが、ユダヤの大祭司のところから、死刑執行の権限を持つローマ総督ピラトの前に突き出されたイエスには、特別、死刑に値する罪を見出せなかった。それで、最初は釈放となるような気配もあったのだが、大祭司たちの執拗な非難と、イエスのことはまだよく知らないため、頭に血が上ってしまっているユダヤの民衆の怒りを背景に、「神を冒瀆した」という罪が確定して、ついに死刑が宣告され、ゴルゴダの丘で十字架刑にかけられることになった。

足や手に釘を打ち込まれ、その後、槍で脇腹を突かれたが、その痛みは常人の耐えられる限界を超えるものがあったと言われる――と一般的には説明され、そのように思われている。

だが、本当にそうなのであろうか。

というのも、すでにかなり以前から、イエスの魂（心）は次元を越えて、あの世といつでも交信できる状態になっていた。つまり、魂（心）はいつでも肉体から抜け出せる状態にあったのである。だから、一般人の肉体感覚システムはもはや当てはまらない、というのが私の見方である。よって、イエスにとって、その肉体に刻まれるどのような外的打撃にも何らの苦痛を感じなかったであろうと思われるのである。

かなり以前のテレビ番組であったが、ある韓国の人が登場して、真っ赤に溶けてどろどろ、灼熱の鉛を口の中に入れたが、平然としており、それからしばらくして口から出してみせた。その鉛は、口の中から出てきてもまだ高熱の状態であった。

このように、肉体器官と精神を鍛えに鍛えたケースでは、常識を遙かに超えた域に達する現象を示し得るのであるから、イエスが心（魂、精神）を肉体から離脱させることは、これは鍛えに鍛えたケースとは言えないが、容易にできて、肉体に受ける感覚はなくなるのである。

槍で突かれたイエスの肉体から、体内の血が流れ出て、それからしばらく経ってイエスの肉体生命は終わっていった。

この十字架刑を見守っていた人たちの心の中は、さまざまな思いであったろう。なかでも、イエスの死刑を心から嘆く人たちにとっては、これで自分たちの希望はすべて失われてしまったと感じたに違いない。

ましてや、死に瀕したイエスの口から「神よ《エロイ》、神よ《エロイ》、何ぞ《ラマ》我を見捨てたまいし！《サパクタニ！》」という悲痛なる言葉が発せられたのを聞いてしまったのである。

ああ、これで何もかも終わってしまったのだ！　多くの人たちがこれからまた切なく厳しい状況のもと、光明のないままに歩んでいかねばならないのか……そう思ったに違いない。

陰湿な霊域を支配する魔王グループが、十字架刑を執行する人たちや、周りでこれを見守る民衆の人たちの聴覚器官に、「神よ、なぜ私を見捨てたのか」という言葉を、さもイエスが発したかの如く聞かせることは、予想できないことではなかった。それこそ魔王グループが、これによってイエスの人格、神性を貶めることをねらっていたのだから。

このように、イエスの刑の執行場面では、まさに熾烈な攻防の展開がくり広げられていたのだ。

イエスが発したとされる言葉が書に刻まれ、長い年月、人々にそう思われていくことも止むを得ない。だが、いつの日か真実が解明されるときが来よう。今、この時点で重要なことは、『復活』への段階に進んでいくことなのだ。

◎イエスの復活

刑の執行後、イエスの遺体は墓地に運ばれた。残されたイエスの弟子たちは途方に暮れている。当然のことながら、これからどうしていいかわからない。

安息日を過ぎて（処刑の日が安息日の前日ということで、その日は処刑日から３日目に当る）、マグダラのマリアやヤコブの母マリアらの女性たちが、イエスの遺体に香を塗るために墓地を訪れた。

だが、その墓地に行ってみると、入口の大きな石は横に除けられ、墓の中にイエスの遺体はなかった。墓の中の右手側に、輝いた白い衣をまとった若者（天の使い）が座っていて、告げるのであった。

「驚くことはない。あなたがたは十字架にかけられたイエスを捜しているのであろうが、イエスは蘇ってここにはおられない。往って弟子たちに告げよ」

マリアたちは、すぐに弟子たちにこのことを知らせねばと帰りを急いだ。その途中、イエスに出会ったのである。

「私は復活したのだ！」

それからのち、すぐ、イエスは弟子たちの前に姿を現わしたのである。信じられず、唖然として我が目を疑っていた弟子たちに、自分の身体に触れさせ、食べ物を食べてみたり、自分が生前のイエスと同じ人物であることを知らしめるのであった。

このようにして、イエスは皆の前に出現したのである。そして、それから40日のあいだ、たびたび弟子のところに現われ、一緒に過ごしたと聖書は記している。そののち、弟子たちに絶対の信心が植えつけられたことを見届けて、天に昇っていった。

ここに到って、ついに弟子たちは、イエスの語っていたこと、つまり「人間（生物）には永遠の生命が与えられている」ことに対して、完全に納得したのであった。この地上での仕事をなし終えて、イエスは天上へと姿を消していったのである。

◎「この世」と「あの世」は不即不離の関係

以上、イエスの復活までを福音書に基づいて分析し、説明してきたが、今このストーリーをそのまますぐに信じられる人は極めて少ないだろう。

しかし、事実ははっきりしている。それは、何回も述べるが、人間の魂は永遠に生き続けるということである。そして、肉体を持って生活する地球上（この世）が一つの次元体であり、肉体から離れて生きる魂の次元は別の次元にあるということだ。そして、これらの次元体は不即不離の関係にあることである。

あの世に比べて、この世は一つ下の次元にあるため、あの世からこの世は見ることはできても、この世からあの世を見ることは難しい。何かの拍子に、この世の人があの世を見ることがあったり、この世の人の耳があの世の声を聞いたりする。それらのケースから、こんにち、それらはさまざまな怪奇現象として扱われたり、また、人によっては、自分は神の声を聞いたと勘違いして、ついには生き神様となって信者を集めたりすることにもなる。

いずれにしても、それらのことは「あの世」が存在するのであるから、本当は別に何ら不思議なことではないのだ。問題は、このメカニズムのことを知らず、否定的な見方が世の中の常識となっているために、正しい解釈がなされていないことにある。

この宇宙にあまねく遍在し、法そのものとも言うべきエネルギーの総体としてある「神」、その声を聞くことなどまずあり得ないし、その神の心（愛、慈悲、正義、公平）に沿うよう、自らの心を高めた人たちの世界（如来界、菩薩界の世界）からの交信も、当然のことながら、イエス・キリストや釈迦といった傑出した心の持ち主でなければできるものではない。

それゆえに、「神の声を聞いた」という多くのケースは、あの世の暗い想念の世界に生きる地獄の霊たちのまやかしの声であることを知らねばならないであろう。

◎使徒パウロの大きな役割

再び話は戻って――。

イエスとあの世（天の光明界）の協力者は、イエスの復活を達成させたことにより、弟子たちに不動の信念が入ったことを見届けた。今後、彼らは信念に従って行動し、この地球上で真理についての教え（福音）の普及に努めることであろう。だが、まだまだ天上界からいろいろ手を打っていかねばならないのだ。

なにしろ、あの世の一方の対極をなす暗い想念の世界（魔王、大魔王の地獄界）においては、イエスの示した真理の浸透に対してあくまで防害を貫き通そうとしているからである。

超古代からの知識を持ち、心正しき心を持った人々が、将来への警告と希望のために建てたモニュメント、ギザのピラミッド。その建造から2000年、3000年、そして4000年以上経ってきた過程で、あの世の地獄界はだんだんと強化され、この地球上に暗い霊域帯の巣を張りめぐらしてきた。彼らにとって、光明世界が実現されていくことは我慢ならないのである。

人々は、自分たちの富、財産を、もっともっと貯え、権勢の維持、強化、拡張を図って君臨していかねばならない、そんな思いが強く、それ以外の心（世界）の存在を知り得なくなってしまったのである。

よって、天上光明の世界は次なる手を打たねばならなかった。

そこで、パウロという人物に白羽の矢が当てられた。

パウロはユダヤ教パリサイ派の人であり、それまでは、キリスト教徒たちを批判し、弾圧までしていた側の先鋒でもあった。

ところが、ある時、弾圧に向かう途中、天からの働きによって突然倒れてしまい、目が見えなくなってしまった。

そして、天上からイエスの声で、

「なぜ自分の信徒を迫害するのか。やがてあなたには自分のなすべきことが知らされるであろう。街に入って待っていなさい」

と告げられた。

一方、その街にはアナニヤという人物がいて、こちらにも天からイエスの指示があった。その指示により、アナニヤは目も見えず、食事もできない状態のパウロのもとを訪れることになった。

「主イエスが、今ここに自分をお遣わしになった」

このように告げ、パウロの目に手を当てると、たちまちパウロの目が見えるようになった。

この現象に遭遇したパウロは、「天界のあること」を知り、これまでの自分の頑な狭い考えを捨て、イエスに対する絶対の信心に転向したのであった。

それ以降、イエスの弟子たちに協力し、率先して引っ張り、異教徒へのめざましい布教のために活動した。このパウロの実行力なかりせば、キリスト教がこんにちこれほどまでに世界に浸透し得なかったであろう。

また、直弟子で一番弟子のペテロは、ローマを中心に布教を行なった。しかしその布教は、ローマ皇帝からの迫害もあって困難を極めた。

西暦64年、ローマの大火事の時に、ローマから脱出しようとしてアッピア街道を急ぐペテロの前に、イエスが現われた。そして言った。

「あなたが今、そのようにローマから逃げて、キリスト教徒を見捨てようとするのならば、私がローマへ行って、もう一度十字架にかかろう」

その声を聞いて、ペテロは自分の未熟な心を反省し、ローマに引き返した。そして再び一心に布教に努め、ついには皇帝ネロの手下のもとで捕えられたが、自らすすんで「逆さ十字架」の刑を望んだ。その時のペテロには何らの恐怖もなく、悠然とこの刑を受けて、肉体生命を終わらせたのである。

このようにして、キリスト教は確立された。天上界からその使命を持って遣わされたイエスは、この地上に現われていた弟子たちの縁をたぐり、目覚めさせ、結果、布教という協力を得て、天上界で打ち合わせた計画を達成していったのである。

◎イエス、最後の言葉の経緯

さて、ここで改めて、福音書における最大の問題点をつぶさに論じてみたいと思う。

それは、イエスが十字架上で息を引き取る寸前に「エロイ、エロイ、ラマ、サバクタニ（神よ、神よ、なんぞ我を見捨てたまいし！）」という言葉を発したとされる問題である。

福音書のうち、いちばん初めに編纂《へんさん》された『マルコ伝』（紀元60年代につくられたと言われる）には、実際にあったことを正しく記述せねばという意志が強くみられる。おそらく、少しの誤謬《ごびゅう》も許されないという状況でもあっただろう。

だから、処刑場にいた人々が確かに聞いたイエスの言葉「エロイ、エロイ、ラマ、サバクタニ」は、実際に発せられたということになる。みんなが聞いたのだから、この言葉をイエスが発したということで、福音書の『マルコ伝』、そして『マタイ伝』にも記述されたのである。

あれだけの奇蹟を成し得た人が、最後にこの言葉を発したことは、イエスを間近に知る人であればあるほど、ひどく面喰らったに違いない。やっぱり、イエスといえども、最後は神の助けを求めて、そしてそれが叶わぬことと知り、愕然《がくぜん》としてこのような言葉を発したのか。そう思ったであろう。

また、イエスをそれほど知らぬ人は、まあ、イエスも人の子だ、あのように最後まで神に縋っていたのだなあ、と思ったかもしれない。

そして、積極的に処刑を望んで嘲弄までしていた人は、得たりとばかり、「ざまをみろ！　他人を救ってみせても、自分自身を救うことができなかったではないか。神の思し召しあらば、今救ってもらうがよい。でも、できないではないか。いい気味だ！」と、嘲《あざけ》りの気持ちでこの言葉を聞いたことだろう。

歴史は、大いなる策略に、これまでどうして気がつかなかったのであろうか。福音書を読んだ時、多くの人が、この部分はおかしいと感じるはずである。

でも、まさかそんなからくりがあろうとは、その当時の人たちもこんにちの人たちも思わない。しかし、よく考えてみればわかると思うが、イエスはヨハネの洗礼ののち、荒野で悪霊、魔王たちの誘惑、攻撃と闘っているのである。魔王たちは、いったんは引き下がっても、執拗に攻撃してあくまでイエスを防害し続けていたのである。

キリスト教の伝道者たちにとっては、主柱となっていたペテロやパウロも亡くなり、今後の布教の手段として、イエスの業蹟を伝える福音書の作成を急いだ。そのせいもあって、第一の書『マルコ伝』そして『マタイ伝』では、十字架上のイエスの言葉は皆がそれを聞いているのだから、そのまま記述した。

しかし、第三書『ルカ伝』では、この部分のイエスの言葉は変わっていて、「父よ、私の霊を御手にゆだねます」と言い残して息を引きとったと記述されている。そして、第四の書『ヨハネ伝』では、十字架上の言葉は何もない。

この間の事情を推察すると、次のようになろう。

第一、第二の福音書作成時では、まだペテロやパウロが死んで間もない頃で、早く仕上げねばという気持ちもあって、ともかく事実を記述した。しかし、そのあと、冷静に考えてみると、神とまごうばかりのイエスの言葉としてはふさわしくないのではという思いが出てきて、第三、第四の福音書では、言葉を変えたり削ってしまうという処置を施した。

こんにちまで、人々はこの点についてほとんど疑問を呈さずに来ている。

私は、キリスト教信者の方が勧誘に来られると、必ずこの点を聞いてみる。人によっては、この場面の言葉（神よ、なんぞ我を見捨てたまいし！）は、イエスの人間としての気持ちを素直に発したもので、そのことにより、余計イエスに悲哀を感じ、深い憐憫の情を覚える。それによって、一層キリスト教を信奉するのだと言われる。

しかしながら、宗教では、そのような情緒的な面にとらわれてしまうと本質を見失うことになる。宗教の本質は、厳然と存在する地上世界（この世）と、一般にはほとんど見えない世界（あの世）の「しくみ」について知ることにある。

どうして、イエスが、この場面、このような情けない言葉を発して、神にうらみ（憾み）の思いを述べようとするか。そんなことは絶対にないではないかと考えるのが理の当然である。

それまで何らの大奇蹟もなく、ちょっとした目くらましのわざで弟子たちや民衆の心を引き込んで、自分はこれほどのことができるのだと増長な心を持つような人なら、最後に降りかかった自分の災難を前にして、おののき、つい弱音や神へのうらみ節を吐くことになるかもしれないが、ことは人類救世の使命を知り、その自覚を持って行動しているイエス・キリストなのである。

だが一方で、福音書に記述されていることは事実あったことと考えねばならない。まして、これはイエス・キリストを救世主と信じる人たちの手によって編纂された書物なのである。

ここに、魔王、大魔王界が用意した落とし穴があったのである。彼らの目的は、この地上に暮らす民衆がいつまでも本当の真理（神理）を知らないでいることであった。知ってしまうと、自分たちの生存が脅かされてしまうからだ。

◎十字架にかかるまでのイエスの気持ち

イエスは「復活」し、地上に信心の塔を打ち建てることに成功した。そしてその後、ペテロやパウロ等の努力を基盤として、キリスト教は正式に国教として認められ、世界の各地に広まっていった。

しかしながら、魔界からの干渉は陰日向にずっと続いてきたのである。国の勢力拡張のため、キリスト教が布教の名目で使われたり、また、教会内部の腐敗を起こしたり、常に混乱を引き起こし、人々に真実が知れないように方策をめぐらせてきた。

十字架にかかる時点までのイエスの神に対する気持ちを推察すれば、次のようになるだろう。

「今回、このように天上界から遣わされてこの世に出生しました。そして自分の使命に目覚めて、人々を正しく真理に導くために努力をしてきましたが、まだまだ人々の心に本当の確信がなされていません。皆を覚醒させるためには、私が十字架にかかり、また地上に現われるという手段しかありません。しかし、私を十字架にかけたとなると、ユダヤの同胞に重い罪の意識を長く負わせることになり、心が痛みます。どうか、この罪はひとえに私だけに帰するようにしてください。彼らはなすべきことを知らず、ために私を処罰するのです。皆を許してやってください」

イエスのこの気持ちを汲みとり、イエスは我々の罪を背負って十字架にかけられたと、その真意を理解するなら、その人は救われよう。だがしかし、イエスは我々の罪を背負って死んでくれた、よって、もう我々には罪がない、と勝手な思いをもって行動すれば、そういう人たちの罪は永遠に許されるものでない。

最後の晩餐のあと、ゲッセマネの園で最後の祈りを奉げた時、イエスはそのような気持ちをもって神に祈願すると共に、あの世の協力者たちと入念な打ち合わせを重ねていたはずである。

一方でその時、悪霊たちは、お供のペテロ、ヤコブ、ヨハネの弟子たちに、イエスが恐れおののき、悩みはじめ、地にひれ伏して、もしもできることならこの任務をとり除いてくださいと祈り、だがしかし、また心を奮い立たせて、どうぞみこころのままになさってください、という姿や言葉を見させ、聞くことをさせた。それからすぐに、弟子たちを睡魔に誘い、眠らせてしまった。

つまり、真実は、魔界の霊たちが、イエスの弟子たちの目や耳を幻惑させたわざなのである。しかし、弟子たちにはこういう状況を分析することも対応することもできなかった。それでイエスは、弟子たちに「眠っているのか。ひとときも目をさましていることができなかったのか。誘惑に陥らないように目をさまして祈っていなさい」と叱咤したのである。

◎イエスが「あの世」で行なったこと

ゴルゴダの丘の十字架上で、槍を脇から突かれたイエスの肉体であったが、魂はすでに離れていた。

肉体生命が終わりを迎えていた。この瞬間を待っていたかのように、魔界の悪霊グループは、人々の耳にこの決定的な言葉「エロイ・エロイ・ラマ・サバクタニ」を吹き込んだのであった。

当然、人々はこの言葉はイエスが発したものと、誰一人疑うこともなく聞いた。よって、このことは福音書に記述されることになった。

イエスの心と全く相反するこの言葉が、こんにちまで疑問を呈されることもなく、イエスの発した言葉として信じられ、歴史は経過してきたのである。

「この世」と「あの世」の存在に対する認識、そしてあの世の光明と闇の世界との攻めぎ合いに対する理解、このことがなされないとしたら、それは闇の世界の勝利ということになる。断じてそのようなことになってはいけない。

以上、ここまでつらつらと解説してきたが、このことについて、まだまだ多くの読者は訝しがるであろう。それでも、このような現象、すなわち、あの世からのさまざまな干渉は、それが光明世界からか、闇の世界からかの判断が必要となる。なぜなら、実際にしばしば私たちの身辺にも現われるからである。単にこれまではほとんど気がつかずに過ごしてきただけのことなのである。

イエス・キリストのことで、最後にひとつだけ付け加えたい。

すでに示されたような過程をもって、地上に真理の法灯を点したイエスが、あの世に昇ってから、最も気にかけて行なったこととは何であったろうか。

それは、魔が入り込み、心を乱され、イエスを密告する羽目になったが、イエスの磔刑の確定を知って反省し、密告の褒美にもらった銀貨30枚を投げ返してから、自ら首を吊って死んだエスカリオテのユダの魂を救済することだった。私はそう確信している。

何もかも見通していたイエスが、自身を見失い、結果、裏切りの行為をしてしまったユダの魂を、あの世で救うこと、それを第一に考えないことがあったであろうか。

第5章

身近にあった不思議な現象

◎ワールドカップ選手選考の逸話

これからの話はいささか旧聞に属するものとなるが、最後の章で記しておくことにしたい。

１９９８年の初夏、サッカーのワールドカップ、フランス大会に臨む日本代表のメンバーを選考するに当たって、25人から22人に絞り込むための最終選考が行なわれたが、その決定は岡田監督に委ねられていた。当時、岡田監督は、予選の途中で急拠、前監督から監督を引き継ぎ、みごと本大会行きを成し遂げていた。

その日、岡田監督は、フランスの最終トレーニング地のホテルの自分の部屋に、まず三浦知良選手（通称「カズ」と呼ばれている）を呼び入れて、彼に落選の通知をした。

カズ選手は、岡田監督から呼ばれはしたが、まさか自分がメンバー落ちになるとは思っていなかったに違いない。なぜなら、彼自身、アジア最終予選の最初のウズベキスタン戦で4ゴールを挙げ、日本チームのフランス行きの切符獲得の期待に応えていたからだ。順調な滑り出しに大いに貢献できたことは、本人はもとより、誰もが認めるところであった。

しかしながら、次のカザフスタン戦で引き分けたのち、第3戦、東京で行われた韓国戦において、相手チームのディフェンス選手による強引なつぶしに遭って、尾骶骨を痛めてしまったのである。そのことによって、それ以降の試合におけるカズ選手の動きに少なからぬ影響があり、フォワードとして肝心のゴールが奪えない状態が続いてしまった。

それでも、日本チームが剣ヶ峰に立たされたアウェイの韓国戦では、ゴール前のチャンスボールに呂比須選手と連動した巧みな動きで相手ディフェンス陣を翻弄し、絶妙なスルーパスの形となって名波選手の貴重なゴールに結びつけるという役割を果たし、日本チームの勝利に貢献した。彼自身も、そう思っていたはずである。

しかし、この腰部への打撲の影響は長引き、以後の試合において、いささか精彩を欠いたことは否めず、ために日本チームは、本大会初参加の命運を、ついに最後の一戦、イランとの対戦にかけることになった。

この試合も壮絶な展開となり、それまでは代表メンバーとして常に先発し、試合終了までピッチ上に立っていたカズ選手は、初めて途中交代の憂き目を見ることになってしまった。

結局、この一戦は延長戦にまでもつれ込み、延長戦から投入された俊足の岡野選手が何回かの決定的チャンスを逃したものの、やっとゴールを決めて、日本に勝利をもたらし、待望のワールドカップ本大会への出場を果たすことになった。

カズ選手にとっては、たとえこの最終予選の最後の一戦における途中交代があったとしても、長年、日本のサッカー界を引っ張り、支えてきて、文字通りのキング（キングカズ）と言われていた自負もあっただろう。

さらにまた、前回のワールドカップ予選では、まさにあと一歩というところで躓いた悪夢もあった。

それは、1994年に開催のアメリカでのワールドカップ大会の最終予選における対イラク戦でのこと。最後の最後で、湾岸戦争にいち早くアメリカ支持を表明した日本に対する、イラク国民の信じるアラーの神による報復のごとき劇的な同点ゴールがあって、予選落ちをしてしまった、その悪夢を乗り越えてのフランス大会出場となったのであるから、カズ選手の心は人一倍燃えていたに違いない。

さらに、メンバー絞り込み発表前の練習試合ではハットトリック（1試合中、一人で3得点すること）を決め、その健在ぶりを示してもいた。

そのような矢先であったから、まさか自分がメンバー落ちするとは夢にも思っていなかったと思われる。事実、岡田監督の呼び出しを受けた時は、監督が人選に困っていて自分の意見を聞かして欲しいということで呼び出されたのだろうと思った、と後で語っていたくらいである。

ところが、まさに青天の霹靂といわれる衝撃がカズ選手を待っていたのである。「今回のチーム編成に当たって、君の席はない」という通達は、これを伝える岡田監督のほうにも、代表選手を絞る過程での悩み、そしてプレッシャーも相当なものがあったことは想像に難くない。

岡田監督の考える戦術の中では、強豪揃いの対戦チームから何とか点を取る方法は、フォワードのすぐ後ろに位置する中田英寿選手からのキラーパスを、足の速いフォワードの選手が抜け出して取る戦法が一番有効だと考えたのに違いない。もちろん、これは素人の私の独断にすぎないので、正鵠を射ているかわからないが、とにかく、選手選考は岡田監督の考え次第であった。

監督の考え次第であるが、まさか自分が、この最終選考の段階で振り落とされる中に入るなどとは全く思ってもみなかったカズ選手にとって、そのショックは、想像を遥かに越えたものであったに違いない。

このことは、この最終選考発表時における記者会見での岡田監督の言葉、「いやー、カズ選手があんなに荒れたのには、正直言ってびっくりした」と述べたことによって、衆知のものとなった。

岡田監督にしてみれば、カズ選手に落選の旨を伝えるにしても、まさかあれほど荒れようとはと思っていなかったということで、それを会見の席で洩らしたため、各メディアを通じて一般の人たちの知るところとなったのである。

しかし、一般の人たちの間では、このことに関してカズ選手に同情する声のほうが強かった。つまり、カズ選手がそのように荒れたのも無理もなかろうと、表立ってカズ選手をたしなめるような、そんな雰囲気は全く出てこなかったのである。

岡田監督の表明ののち、カズ選手は同じく本選落ちの憂き目を見た選手と共に、フランスを後にして帰路に就いた。帰国した時のカズ選手は、髪を銀色に染め、ベレー帽の下に無念の思いを包み込んで、それでも落ち着いた対応で記者会見に臨み、「魂のほうはフランスに置いてきた」という感動のセリフを残して会見場をあとにしたのである。

おそらく、多くの人たちが、カズ選手の口から、例の岡田発言に対して何かコメントが出てくるかと内心待ち望んでいただろうが、どの記者も積極的にこの件を持ち出して聞くことを慎んだためか、何の話も出なかった。

洩れ伝えられた話では、「岡田監督がなぜあのようなことを言ったのだろうか」というようなものであって、まるで自分はそんな言動をしてはいないという風情、つまり、カズ選手にとって岡田発言はいささか心外であるというような反応であった、と伝えられた。

その後、この件に関しては、日を置かずすぐにワールドカップの本大会が始まり、人々の関心はもっぱら日本チームの戦いぶりに移ってしまい、急速に人々の記憶から消え去っていった。

私も、この件の当初の段階では、カズ選手が「選考洩れ」のショックで自分を見失い、岡田監督がびっくりするような暴言を吐いて荒れ狂ったのかと思っていたので、会見ではカズ選手から、「いや、ちょっと自分を見失って大人気《おとなげ》なかった」とか、何らかの釈明があるのかなと思っていたのだが、それもなく、拍子《ひょうし》抜けの感であった。

だが一方で、カズ選手が洩らしたと言われる「岡田監督がなぜあのようなことを言っているのか、自分のほうがわからない」という言葉も、これはカズ選手自身の率直な疑問の上で発せられているとも感じるのであった。

この件は、その後、それ以上取り上げられることはなかった。

おそらく、当時、岡田監督の発言を聞いて、カズ選手がとても荒れたのだと知らされても、人々の心の中では、カズ選手の気持ちを考えればそれも仕方ないことであろうと思ったから、それで一段落となったのであろう。

○今も続く「光の世界」と「闇の世界（地獄界）」の角逐

さて、この章の始まりから長々とカズ選手と岡田監督の噛み合わない言動を述べてきたが、それには理由がある。それは、これまで地上に住む人たちがなかなか理解できなかった現象について説明したいからである。そして、これは前章イエス・キリストの、特に十字架上の言葉のケースとも深く関連することでもある。

イエス・キリストの場合は、自分の心にもない言葉「おお神よ、なんぞ我を見捨てたまいし！」を人々は聞いたのであるが、カズ選手の場合は、心の中では「どうして自分が落選になるのか、そんなバカな！」という気持ちは強くあったと思う。それでも、それをぐっと心の中に押し止めて口外せずに我慢していたに違いない。だから、そこに介在した存在がどういう種類のものかはわからないが、イエス・キリストのケースでは、媒介物は明らかに「悪霊界」であった。

カズ選手のケースでは、心の中で思った気持ちが、本人はそれを声にして口から出さなくとも、対象となる人にははっきりと聞えるという現象が起こるのだということだと思われる。しかし、その気持ちに媒介者が何かしらの脚色をつけたかはわからない。

参考となる有名なケースには、次のものもある。

第二次世界大戦後、長期にわたって日本の総理大臣を務めた吉田茂首相の「バカヤロウ！」発言のケースである。

当時、国会の討論中に野党である社会党の西村議員に対して、吉田首相がこの言葉を発したことから大問題となり、国会を解散するまでになった。しかし、後日、この件に関しての記事で、吉田首相は「自分はその言葉を言っていない！」とコメントした。その言葉には、まだ子供であった私ですらかなり落胆したことを覚えている。

なぜかというと、西村議員は確かに聞いたのだから「バカヤロウとは何だ！」と食い下がり追求したのに、「自分は言ってない！」などと後になって言い訳するというのは、随分往生際の悪い男だと思ったからである。

のちになって、この場の模様を録音した放送をラジオで聞く機会があったので、耳をそばだてて聞いたのだが、どこで「バカヤロウ！」の言葉が出たのか、聞きとれなかった。それは、ラジオの性能が悪いからだとばかり思っていたので、当然、この言葉自体は発せられたと思っていたし、国会内では、確かに聞いたと言う人もいたり、いや聞いてないと言う人もいたりで、この点はうやむやになっていったが、どちらにしても国会の解散の契機になったことは事実である。

しかし、このようなことが随時、随所で起こったとしたら、世の中はひどく混乱してしまうことになる。「私はそんなことを言ってないよ！」と主張するのに対して、「いや、あなたは確かにそう言った！」「いや絶対に言ってない！」「いや確かにそう言ったのだ！」となったら、収拾のつかないことになる。

しかし、天界がこの世の成り行きをつぶさに見ているので、最終的には全く収拾のつかないことはないように手を打ってくる、と私は見ている。

いずれにしても、これではっきりわかることは、地上は今もって「光の世界」と「闇の世界（地獄界）」の角逐の場となっていることである。

◯テレビ朝日『朝まで生テレビ』での出来事

以上のようなケースに関しては、私自身にもかかわることがいろいろと起こってきたので、最後にその一つを述懐したい。

1986年の初め、テレビ朝日で『朝まで生テレビ』という番組の第1回目の放送があった。

その何日か前、製作スタッフの一人から電話がかかってきて、「玩具業界」を代表する気持ちで玩具輸出に従事する人を何人か集めてくれないかと頼まれた。当時、円の急騰により貿易（特に輸出面）で被害を蒙むっていたこともあって、おもにこの問題を討論するために、いろいろな業界の人たちが集められることになったとの主旨であった。

しかし、当夜集められた私たちをはじめ、その他の業界の人たちは、いわば番組の「刺し身のつま」で、外野席を埋めたに過ぎず、真ん中の大テーブルで議論を進める人たちは、司会の田原総一郎氏と著名な人物、すなわち政治家や文化人、そして評論家といった諸氏であった。

議論は、円高による経済への悪影響についての問題からスタートしたのであるが、しばらくして、当時はまだ新進気鋭の政治家であった管直人氏（のちの総理大臣）が「アメリカの大統領は今や俳優上がりのロナルド・レーガンで、目立った動きで政治をしているではないか。一方、日本の中曽根首相は派手には動いているが、実効は乏しい。むしろ、政治家を辞めて俳優になったほうがよいのではないか」といった趣旨の発言をした。

その時であった。

田原氏と共に司会進行役であった映画監督の大島渚氏が突然立ち上がり、管氏に向かって、「その発言は映画人をバカにした言葉だ。謝れ！　謝れ！」と激高して怒鳴りつけたのである。

管氏は、この大島氏の怒声が不意のものであり、また何も自分の言葉は映画人を馬鹿にする言葉として言ったつもりではないので、面喰らった様子で黙っていたら、大島氏はなおも執拗に「謝れ！　謝れ！」と迫った。

この状況に際して、こんなことで議論がストップして主題が進行しないのでは意味がないと思った私は、外野席から声を投じたのであった。

そうしたら、司会の田原氏がＴＶカメラに向かって、「今、外野席から何か声があったから、マイクとカメラをそっちに回して！」と指令が出て、マイクが私のところに来たのである。

そこで私は、「こんなことで怒ってしまうようでは、大島さんも随分過激なんですね」と僭越ながらもたしなめた。これに対して、大島監督は即座に「私はもともと過激なんです！」と激高冷めやらずに返してきた。

そのあと、ほんのわずかな時間ガヤガヤとなったのであるが、突然、大島氏が「I am sorry」と英語を発したので、私は自分に特に謝ってもらうほどのことでもないし、こちらのほうこそすまなかったと思って、習いたての中国語で「対不起！」と答えた。ただし、自己流で学んでいたので、正しくは「トゥイ・プ・チー」と言うべきところを「トゥイ・プー・チ」と間違って発音していたのであった。

このやりとりのあと、司会の田原氏が「じゃあ、大島さんが謝ったので、このことはこれで」と言って、議論を元に戻して進行し直すことになったのだが、この時、私の横に座っていた若い男の人が私に向かって、「今、何と言ったのですか？」と聞いてきた。

私は「何と言ったと言われるほどの言葉など言っていません。大島さんが英語でアイ・アム・ソーリィと言ったので、こっちも洒落て中国語で返しただけです」と答えたが、この若い男の人は「いや、もっと何かいろいろ喋っていた！」と、腑に落ちずに、釈然としない様子であった。

◯真実の状況はどうなのか

後日、私はこの番組をビデオテープにとってくれた義理の甥の家で、このビデオを見て、大いにびっくりしたのである。

それは、私と大島氏のやりとりの時、つまり私が大島氏に「対不起！」と言った時（私のところにはマイクがなかったので、ビデオテープにはこの私の声は入っていなかったが）、その瞬間の大島氏の顔がテレビにアップされたのであるが、そこには私に向けてものすごい怒りの形相をした表情があったのである。

あの番組のあの時の私の思いは、次のようなものであった。

そもそも本論から外れて中断されたままの状況では、真夜中に時間を割《さ》いて集まった人たち、それは特に外野席を占める人たちで、円高による被害をモロに受けている各業界の人たちであって、この人たちにとっては、日本の経済環境の悪化は生活に多大な影響を与えている。しかし一方、この夜集まって大テーブルを囲んで議論を展開している人たちは、それだけ厳しい状況が差し迫っているとの実感を抱いて臨んでいるとは思えない。

というのは、「このような現在のような経済状況では、二極化になってしまい、生活できなくなる人たちがどんどん出てくる」という、番組の最初の機会に述べた私の発言に対して、国会議員の一人が「今の日本で食えない人が出るといった状況など考えられない」と楽観的なコメントで返したくらいなので、まあ、国会議員の感覚ではそんなものなのだろうなあ、と思ったからである。

それゆえ、このまま議論が中断して進まないのでは、いったい私たちは何のために真夜中に集まったのか《集まった人たちには局側から謝礼が出されたのであるが、それは最初に提示された額を私が交渉して少し上げてもらったくらいだったが、大テーブルで議論するために招かれた人たちのものとは雲泥の差があったと思われる》、もっと現状についていろいろ議論して欲しいものだという思いからの言動であった。その意味で、何も大島氏を非難したつもりなど全くなかったのである。それなのに、なぜあんなすごい怒りの形相を私に向けたのか、このビデオを見てその表情を知った私は、当初、全くわからなかったのである。

少し経ってから、私はふと次のように思い当たった。

じつは、大島監督には、かねてより、心の中で一つの憤りを持っていたのであった。

それは、『日本の夜と霧』という映画その他の映画を製作し、日本の映画界に何かと話題と新風を吹き込んで、ヌーベルバーグ（フランス語で「新しい波」の意味）の旗手と自他共に認められてきた監督で、誰もがこの人のつくる新たな映画作品に注目していた。

ところが、『愛のコリーダ』という映画の濡れ場の場面で、なんと主人公の男女の俳優に本当に「セックス」をさせてしまったのである。

もとより、私はまともな映画でなぜ本当のセックスの場面を採り入れるのか、そんなことは絶対にまずいだろうと思っていた。セックスの行為は男女間の欲情のもとにあるが、究極的には「子孫を残すためにのみなされる行為」なのである。

今の時代、セックスは快楽を得るために許されていると思われているが、これは「堕落の過程」が生み出している概念にすぎない。そして、あくまでこの行為は「秘《ひ》め事」になるのである。

だから、映画でこの行為をそのまま映像化することは、例えば殺人の映画場面で本当の刃物で切ったり本当の鉄砲を使うようなことと同じことになる。もちろん、実際にそんな必要はなく、示唆のわざをもって演出すればよいことだと思っていたので、この映画には憤りを感じていたのである。おまけに後年、この映画で女主人公を演じた女優が身心の調子を崩してしまったという記事を見てからは、余計その念が強くあった。

そのような背景を考えながら、くだんのテレビ番組で私の横にいた若い男の人が「何をしゃべったのですか?」と尋ねた、その質問を自分なりに咀嚼《そしゃく》してみたのである。

私は「対不起」の言葉を自分では発したのだけれど、そう言えばなんとなくガヤガヤしていた感じもあった。そこを推測すれば、この瞬間には大島監督の耳に「トゥイ・プー・チ」の正しくない発音の中国語が届いたのではなく、何かしらひどく非難する言葉が見えない世界から発せられて、それが突き刺っていたのだと思う。そうでなければ、あのような凄まじい形相になるはずはないのだ。

そして、横に座っていた若い男の人は、「対不起」のような短い言葉でなく、もっと長い、しかしよく意味のわからない言葉を聞いたのであろう。

それとも、私の短い言葉が発せられる前から、大島監督の腹わたは煮えくりかえっていて、これが心を追い詰め、アイ・アム・ソーリィと言うと同時に、あの物凄い形相になったのかとも考えられるが、いずれにしても、私の横にいた若い男の人は「もっと何かいろいろしゃべっていた」ということであったから、私が発していない言葉を大島監督は明らかに聞いたに違いない。

その形相は、番組の現場にいた時、私は全く見ていなかったのであるが、じつはそのあと、現場ではすぐに次の事態が発生した。それは、私の腰の後部に突然、強烈な痛みが襲ってきたのである。その痛みは、鋭く強く、一瞬、このままいったら腰の骨が折れてしまうのではないかと恐れるほどのものであった。だが、何とか必死に耐えて持ちこたえた。やがてその痛みは去っていった。

一方、大島監督はどうなっているのかと見ると、田原氏が議論を展開させねばと司会進行を促していたが、どこか身体の調子が悪そうで、もう自分は司会を手伝うことはできないと手で田原氏に合図をしていた。明らかに突然の変調を来たしていたのである。

私は、自分に襲ってきた腰部への強烈な痛みがどうして起こったのか、また大島監督の変調がどうして起きたのかについては、その夜の段階では全くわからなかった。しかし、後日ビデオを見て理解ができた。

それは、まず大島監督の怒りが念波となって私の腰部を襲い、攻撃した。この攻撃を何とかしのいだことで、今度はこの念波が反動となって大島監督を直撃したのである。

大島監督と私が直接打ち合い取っ組み合いをしたわけでないが、ここには闘いがあったのだ。この闘いは、念波だけではなく、自分が発していない言葉の介在もあったゆえ、目には見えない媒介（物、音）が存在していたことになる。

そういうことで、その後の私は、何かにつけ大島監督のことが気になっていった。そして、ご自身の病気によって奥様も大変な時期を過されていたことを知り、自分にも何か責任があるのだろうか、と思ったりもしていた。それだけに、その後、執念の作品『御法度《ごはっと》』を完成されたことを見て、ホッとしたのであった。

その他、私自身にまつわる不思議な現象のケースはいろいろあったのだが、それは割愛させていただくことにして、ここで一つだけ強調しておきたい。

「あの世」は確実に存在して、この世に住む人たちにさまざまな影響を及ぼす。それが「声」の段階にとどまっている限りは、まだ現代人の理性が判断して大きな災いを防ぐことはできるだろうが、これが「行動」（実際の動き）の面において頻発するとなったら、いったい我々はどうしたらよいのか、という不安である。

つまり、「私はそれをやっていない！ それは客観的に見ても明らかだ」と主張しても、「いや、情況から見たらあなたがやったのだと言えるのだ」となったら、どうにも始末におえないことになる。

現代は、科学、技術の分野では著しい進歩がなされているのであるが、目に見えない「あの世」があるということは非科学だということで無視されている。しかし、こんにち発生している地球上全般の問題の元凶は、「あの世の存在の無視」にある。「この世」を正常に戻し、正しく調和のある発展に向かわせるかどうかは、より多くの人たちがこの真実を理解するかどうかにかかっているのである。

〈著者プロフィール〉
斎藤 樹生（さいとう たつお）

1944年、群馬県生まれ。東京外国語大学ポルトガル・ブラジル語科を卒業後、玩具メーカーに就職。30歳の時独立し、ブラジル国アマゾン川中流の地であるマナウス市、さらにコロンビア国のメデジン市にて工場と玩具製造の協業に従事。その後、欧米、そしてアジアの市場向けに玩具輸出を受託し、80歳まで継続。
41歳の時、父の死をきっかけに仏教の研究をはじめ、最後に高橋信次へとたどり着く。彼こそは釈迦の再生であることを知り、長年研究し続けてきた成果を本書にて世に問うこととなった。

日本に再生した釈迦

2025年4月25日　初版第1刷発行

著　者　斎藤 樹生
発行者　韮澤 潤一郎
発行所　株式会社 たま出版
〒160-0004　東京都新宿区新宿1－10－2
☎ 03-5369-3051（代表）
FAX 03-5369-3052
http://tamabook.com
振替　00130-5-94804
組　版　マーリンクレイン
印刷所　株式会社エーヴィスシステムズ

ISBN978-4-8127-0478-3 C0011